日本のふしぎな夫婦同姓

社会学者、妻の姓を選ぶ

中井治郎
Nakai Jiro

PHP新書

はじめに

「いったい僕は何をしてしまったのか……」

いや、呆然《ぼうぜん》と立ち尽くしている場合ではない。僕は結婚をしたのだ。そして、妻ではなく僕が苗字を変えたのだ。

そうだ、結婚なのである。まったくなんとふしぎな制度なのだろうか。こんなにありふれているのに、こんなにも奇妙な制度がほかにあるだろうかと思う。僕の父や母も、そして毎年こんなに多くの人が結婚しているのに、よく考えてみたら知らないことや割り切れないことばかりなのである。

ずっとモヤモヤしていた。そのモヤモヤの始まりは、いわゆるロマンティックラブ・イデオロギー、あるいはロマンティックマリッジ・イデオロギーと呼ばれるものかもしれない

（谷本奈穂・渡邉大輔「ロマンティッククラブ・イデオロギーとロマンティックマリッジ・イデオロギー　変容と誕生」）。

それはつまり、恋愛の先に結婚がある、あるいは結婚には恋愛感情が伴うものであるという、この社会に広く共有され、そしてどうやら僕自身にもかなり曖昧ながらも実装されていた（らしい）理念だ。

恋愛はとても繊細で気まぐれな身体と情緒の私的なやりとりである。しかし、この理念においては、そのクライマックスともいえるステージになって、なぜかいきなりお役所が出てくるのだ。2人が国の定めた基準を満たす「適切な」カップルであるかどうかを書類に記入して役所の窓口で審査・受理されないと「ゴール」できないのだ。

なんで、そこでいきなり僕らのロマンスをお役所に審査されなくてはならないのだ。いったいどういうことなのだ、これは。

さらに、この国で結婚をするならば、夫婦のどちらかが自分の苗字を捨てなくてはならない。そう法律で決められている。

そして現在、この国で結婚するカップルの96％は妻の姓を捨てて、夫の姓を選ぶ。圧倒的な数字だ。少子化と女性の社会進出が進む現代である。一人っ子の家庭も多く、また多くの女性が男性と同じように職場で働いている。

しかし、いつもは優しい彼氏も「え、苗字は君が変えるんでしょ？」と、こともなげに言い放つ。その結果が「96％」という、ぐぅの音も出ないような圧倒的な数字なのだろう。本当にいったいどういうことなのだ。


僕はたしかに社会学者を名乗っているが、とくに婚姻制度やジェンダーの専門家というわけではない。だからこそ次々と湧き出す、割り切れないモヤモヤの煙に巻かれているのかもしれない。

しかし、専門家でなくても結婚はする。「もはや世界でもほかにない」といわれる夫婦同氏制を採用するこの国で、しかも、4％のカップルしかしない選択をしたのだ。

2人でつくる新しい家庭に、妻の苗字を選んだのだ。こうなったら腹を決めて、このモヤモヤの果てにこれから起こるすべてのことを見てやるしかないだろう。

本書の構成

本書はビジネス誌『THE21』における連載を大幅に加筆して書籍化したものである。その連載のテーマは、結婚改姓で妻の苗字を選び、いきなり「4％」の側として生きていくことになった僕が直面する、きわめて個人的な面倒や愚痴をリアルタイムで「実況」しながら、いまこの国で暮らす人々に投げかけられている、結婚とはどうあるべきなのか、そして家族とはどうあるべきなのかという問いを考えるものであった。

「実況」なので当たり前ではあるが、理路整然とまっすぐに進むものではなく、先の見えない冒険の道中から時おり投げ込まれてくる逐次報告のようなものなのだが、ひとまずは本書の全体的な見取り図だけでも紹介しておこう。

僕自身の結婚改姓にまつわる経験や現在進行形の悩みごとから考える本書において説明しなくてはいけないのは、何よりもまずその「厄介さ」だろう。結婚で苗字が変わることの厄介さとひと口にいっても、性別はもちろん、年齢や職業、家族構成など、それぞれの人生の形によって何が起こるのかがまったく異なるのである。

だからこそ本書の入り口となる第1章では、僕自身の愚痴から始めようと思う。結婚をして苗字を変えると何が起こるのか。まずは僕の暮らしを例に解説しながら、選択的夫婦別姓をめぐる議論の盛り上がりなど、いまあらためて問い直されている日本の夫婦同氏制の現況を概観する。

そして、次に確認しなくてはいけないのは、この国の結婚と家族の「あるべき姿」である。そこで第2章では、夫婦同氏制とともにこの国の家族の形を定める戸籍制度を足掛かりに、この国の結婚と家族をめぐる制度の来し方をたどる。

たとえば、法的に結婚をするという意味で「入籍」という言葉が用いられることがある。これは明治民法において、結婚とは男性が所属する家の戸籍に女性が「入る」ことであったからである。しかし、この明治民法は戦後に改正され、この国の民法において結婚は2人で新たな戸籍を「作る」制度となった。

それにもかかわらず、現在でも芸能人などが結婚するたびにわれわれは「入籍」という見出しの躍る報道を目にしている。「嫁入り」「婿入り」も同様であろう。僕自身も結婚で苗字を変えたことを伝えると、そのたびに「婿入りするの？」と聞かれるわけだが、これもまた、いまだに結婚はどちらかが一方の家に「入る」ものだと考えられているからである。

たしかに、それはかつてのこの国の結婚や家族の形であったのかもしれない。しかし、いま、われわれの暮らしや人生の実際の姿と、この国が謳《うた》い続けてきた結婚や家族の「あるべき姿」は乖離《かいり》しつつあるのではないだろうか。時代の移り変わりのなかで、この国の変わらない理想と現実がどのようにすれ違ってしまったのかを確かめたい。

そして第3章では、満を持して「96％」というこの国の結婚の現実を象徴する数字の秘密に迫る。先述のように、現在、結婚に際して男性の苗字を選ぶカップルは96％である。圧倒的である。法律上は男女どちらの姓にしてもよい。そう決まっているはずなのに、この圧倒的な偏りはいったいこの国の男女のどのような現実を表すものなのか。

家族の形はもちろん、「男の生き方」も変わったし、「女の生き方」も変わった。しかし、令和の世になってもなお、これほど多くのカップルが夫の苗字を選択し続けている。毎年、この国で結婚する50万組以上ものカップルのうち、どちらが何を守り、そして、どちらが何をあきらめ続けているのだろうか。

第4章でキーワードとなるのは「男らしさ」である。

「……いや、僕が苗字を変えました」それは妻氏婚を選んだ男性が婚姻届を提出したその瞬間から数え切れないほど口にすることになる言葉である。いうまでもなく「結婚したなら苗字を変えたのは妻なのだろう」という先方の勘違いを訂正するための言葉である。

役所の窓口から同僚たちとの立ち話まで、結婚を報告するあらゆる場で僕自身も繰り返してきたその言葉をきっかけに、「男たるもの苗字を変えるものではない」ということが前提となっているこの社会で、自分の苗字を変えるという「男らしくない」選択をした男性たちはどのような存在になるのかを考える。


さらに本書では、結婚改姓というテーマに正面から取り組む2人の先人に、僕1人では抱えきれない問いに付き合っていただくことにした。

まず「苗字を変えた男」である僕が最初に話を聞くべきなのは、この国で名前を変え続けてきた女性たちの本音であろう。そこで第5章では、そんな申し出に応じてくれた選択的夫婦別姓・全国陳情アクション事務局長・井田奈穂氏の言葉を紹介する。

「私には名前が3つあるんです」そう語る彼女は2度の結婚を通して2回、姓を変えた。子ども2人をつれての2度目の結婚改姓で、ついにこの国の結婚と家族の「あるべき姿」が強いる理不尽に耐えかねた彼女は、仲間たちとともに選択的夫婦別姓を求める運動を立ち上げる。しかしそれは「40年戦争」とも呼ばれる、あまりに長い戦いの渦中に飛び込むことでもあった。

なぜこの国では、これほどまでに夫婦が異なる苗字であることを受け入れられないのか。運動を通して彼女が目撃したこの国の人々の「生々しい」本音、そして選択的夫婦別姓の実現の前に立ちはだかってきた厚い壁の正体を考えたい。

そして第6章で僕の問いに答えてくれるのは、経営者でありながら妻氏婚を選んだサイボウズ株式会社　代表取締役社長の青野慶久《よしひさ》氏である。

サイボウズが取り組む新しい働き方への過激ともいえる挑戦と、結婚改姓問題への男性からの問いかけとして話題になったニュー選択的夫婦別姓訴訟運動を貫くテーマとは何か。そして夫婦同氏制に異を唱える一方で、「夫婦別姓で共働きこそ新しい家族の形！」という価値観に社会が一様に染まってしまう結末は「バッドシナリオ」であると言い切る氏の理想の本当の理由とは。
選び取ることを迫られる時代の「エグさ」と向き合いながら、いま、それぞれが自分の名前を、そして自分の生き方を自分で選択することの意味を考える。

そして本書の最後となる第7章に収録されるのは、その青野氏と僕を含む「妻の姓を選んだ夫たち」の座談会である。

たとえば女性が友人と集まった際、その場の多くが結婚改姓を経験しており、悩みごとや愚痴をこぼし、また「改姓あるある」で盛り上がるというのは、いわば「ガールズトーク」の定番なのかもしれない。

しかし、結婚に際し自分の苗字を変える男性は4%しかいない。相応の年齢の既婚男性が集まるような席であっても、われわれはいつも「例外」あつかいなのだ。「男ならでは」の改姓の困りごとや愚痴を交わし合い、「あるある」で盛り上がる飲み会など経験したことがない人がほとんどなのではないだろうか。

同じく妻氏婚を選んだ男性といっても、共感し合える共通の事情や困りごともあれば、お互いに考えもしなかったようなそれぞれの思いもある。今回、本書の最後に収録する座談会は、そんな驚きを語り合う「あり得ないボーイズトーク」である。

地図のない冒険を「実況」する

本書はきわめて私的な文脈を起点とするエッセイであるがゆえに、とくに悩んだのは表記である。たとえば、客観的かつ学術的な論考では「男性」と表記すべきなのだろうが、僕が頭を抱えて悩んでいる時、「男性」というもったいぶった言葉でものを考えているわけではない。「ああ、もう！　なんで男はこんなに面倒くさいんだ！」などと憤慨しているのが正直なところである。

そして、それは本書のテーマである「上の名前」についても同様である。結婚改姓や選択的夫婦別姓などのように公的な文脈では一般的に「姓」といわれることが多いが、民法など法制度上は「氏」と呼ばれている。しかし、日常的な会話においてわれわれは「いや、僕が苗字（名字）を変えました」などと言うのである。われわれはほとんど無意識のうちに、これらの呼び名を文脈によって適宜使い分けながら生活しているのだ。

そこで本書においては、性別についても、また「上の名前」についても表記を統一することはしなかった。「個人的なことは政治的なこと」という有名なスローガンの通り、まさに公私にわたるさまざまな文脈を行き来する一個人として悩み、そして、迷子になって途方に暮れるさまを「実況」として楽しんでいただければと思う。

考えなしに走り始めて、走りながら「果たしてこの道はどこへ向かっているのだろうか」と考える。僕の悪癖である。とはいえ、今回ばかりはさすがに後戻りはできない。僕だって一応、人生が懸かっているのである。行けるところまで行ってみよう。そして、何が起こるのか、すべてのことを見てやろう。いまはそんな気持ちで、妻の苗字で結婚をするという地図のない冒険の途上にある。

この「実況」を通して、この冒険が僕らに見せてくれた景色をあなたとも分かち合うことができたら幸いである。

日本のふしぎな夫婦同姓——社会学者、妻の姓を選ぶ

目次

第2章 「制度」から考える結婚と家族の歴史

第3章 苗字を変えない男たち、あきらめ続けた女たち

第4章

「僕が苗字を変えました！」——男たちが変わるために必要なこと

第5章

「私の名前を返してください」——選択的夫婦別姓を阻む壁

インタビュー

選択的夫婦別姓・全国陳情アクション事務局長　井田奈穂氏

第7章 「妻の姓を選んだ夫たち」特別座談会

出席者プロフィール（敬称略）

中井治郎（社会学者）
青野慶久（サイボウズ株式会社 代表取締役社長）
玉置太郎（朝日新聞大阪本社 社会部記者）
本村さん（仮名、一般企業勤務）

第１章

わずか「４％」の少数派——妻の姓を選んでみたら

1 日本で「苗字を変えること」が意味するもの

妻の姓を選ぶ夫は「わずか4％」!?

元号が変わって最初の夏が終わる日、結婚をした。

式や披露宴なども挙げず、諸々《もろもろ》のことはできるだけ簡素に済ませようと決めての結婚だった。当時、僕もすでに42歳であり、十分に大人になった2人の結婚である。シンプル、ミニマル、スマート。そんな流行《はや》りを意識したわけではないが、とにかく面倒なことは避けて、はしゃぐことなく、淡々と、そして粛々と、新しい2人の家庭をスタートさせよう……。そういう目論見《もくろみ》であった。

だいたい、このような人生の節目というものは、いくら気をつけていても、冷蔵庫の角に小指をぶつけるような痛恨の事故が発生するものである。どこに地雷があるか分からない。気まぐれな運命と気難しい世間の目に留まらないよう、頭を低くして、できるだけ静かにやり過ごすにかぎる。事なかれ主義ではない。これこそ、成熟し、洗練された大人のやり方というものである。

「浮かれた若造とは踏んできた場数が違うんだよ……」

踏んできたのは場数なのか地雷なのか分からないが、いまにして思えばそんな慢心もあったのかもしれない。僕がそれを思い知らされたのは、粛々と進むはずだったこの結婚に、1つの面倒が巻き起こったからである。その面倒とは、妻ではなく僕が苗字を変えたことだった。

結婚する際に妻の姓を選んだ男性は口をそろえてこう言う。「苗字を変えるのがこんなに大変なことだとは知らなかった」。そうそう、僕も……。いや、しかし。僕にかぎっては「知らなかった」とは言わせてもらえないかもしれない。結婚や改姓をめぐる問題が専門ではないとはいえ（普段は山奥で山伏を追いかけたり、京都で舞妓を追いかける観光客を追いかけたりしながら暮らしている）、一応は「社会学」という看板を出したり引っ込めたりしながら渡世をしてきた人間である。結婚改姓がとにかく面倒くさいことくらいは耳学問で知っているつもりだった。

現在の日本では国際結婚などの場合をのぞいて、結婚する際には夫か妻かどちらかの姓を選ばなくてはいけない。法律上は、夫の姓でも妻の姓でもどちらを選んでもよい。しかし現在、夫の姓を選ぶカップルは実に96％にのぼり、一方で妻の姓を選ぶカップルは4％に過ぎない。この圧倒的な偏りを示す数字は、やはり衝撃的である。

男性の生き方も、女性の生き方も変わった。でも……。

そうはいっても、この国は変わった。いわゆる「男女雇用機会均等法」の施行から三十数年が経ち、現在では共働き世帯が全体の6割を超えている。また、1980年代には男女で3倍近くの開きがあった大学進学率も、いまや男性の56・6％に対して、女性も50・7％となっている。さらに、これに短大や専門学校などを合わせた高等教育機関への進学率を見れば、女性は男性を上回る（文部科学省「令和元年度 学校基本調査」）。「どうせいつかお嫁に行くのだから、女に学歴なんて必要ない」。そんなことを言われた時代はもう遠いのだ。

「将来、私はどうやって食べていくのか」

日本はずいぶん前から、10代の女の子もそんなふうに自身のキャリア形成を考えるのが当たり前の国になった。

一方で「ユーキャン新語・流行語大賞」のトップテンに「イクメン」という言葉がランクインしたのは2010年のこと。それから10年が経ち、2021年6月には国会で改正育児・介護休業法が成立した。男性の育休取得を後押しする制度が話題を呼んだ、通称「改正育休法」である。いまやイクメンは流行語ではなく、男性の育児参加はこの国に暮らす人すべてが取り組むべき課題として認知されるようになったのである。

「夫は外で働き、妻は家庭を守るべきである」という性別役割に反対する人は増え続け、2019年の調査では、女性で63・4%、男性で55・7%となっている（内閣府男女共同参画局「令和元年版 男女共同参画白書」）。変わったのは女性だけではない。男性もまた大きく変わりつつあるのだ。

しかし、そんな日本社会でこれから結婚する人々の96％が夫の姓を選ぶというのが現実なのである。

近年の日本では、年間50万組以上のカップルが結婚し、平均初婚年齢は男性で31・2歳、女性で29・6歳となっている（厚生労働省「人口動態調査 令和元年」）。つまり、「妻の姓を捨て、夫の姓を残す」という選択をし続けているのは頭の固い年長者たちではない。いわゆるアラサーど真ん中の人々の選択なのである。

女性の生き方も変わった。男性の生き方も変わった。しかし、老いも若きも、「女性は結婚すると夫の苗字に変える」ことだけは依然として変わらない。この頑固さは、いったいどういうことなのだろうか。

結論から正直にいうと、僕は何も見えていなかったといわざるを得ない。96％の選択をしたカップルがなぜ夫の姓を選んだのか。もう1つの選択をした4％に何が起こったのか。そして、なによりこの苗字というものが、われわれにとってどれほど面倒なものなのか、僕は何も分かっていなかったのである。

とはいえ、いつまでも途方に暮れてばかりもいられない。いまさらだが、一歩ずつ、自分は何をしでかしたのかを確かめていこうと思う。この国で、結婚して男が苗字を変えるとはいったいどういうことなのだろうか。

2 日本の結婚制度を客観的に考える

夫婦同氏制を採用しているのは世界で「日本だけ」

まず、法的に夫婦であることを認められるには、婚姻届に記入して役所で受理してもらう必要がある。しかし、厄介なことに、この国の婚姻届には「婚姻後の夫婦の氏」という欄がある。民法第750条に「夫婦は、婚姻の際に定めるところに従い、夫又は妻の氏を称する」と規定されているからだ。

これは実質的には夫婦が別々の氏を名乗ることや、また夫婦共同の氏であっても新しい氏を名乗れないことを意味する。つまり、日本の法律では、2人の人間のうち、どちらかが自分の苗字を捨て、相手の苗字に組み入れられないと結婚できないのである。

このような日本の婚姻制度は「夫婦同氏制」と呼ばれるものである。そしてなによりも驚くべきことに、現在、夫婦同氏制を採用しているのは、この世界で日本だけなのだ。202

0年11月の参議院予算委員会における答弁でも、法務省による調査をもとに上川陽子法務大臣（当時）が、「現在、夫婦の同氏制を採用している国は我が国以外には承知しておりません」と認めている。

恥をしのんで告白すると、僕自身も結婚するまでこの事実を知らなかった。日本では、あまりに当たり前なので、深く考えることがなかったからだ。われわれが暮らすこの国は、夫婦がどちらかの苗字を選ばないと結婚できない「世界最後の国」だったのである。

世界各国の「夫婦の苗字」に対する制度は？

とにかく「日本は世界最後の夫婦同氏制」というインパクトに気圧《けお》されてしまうが、念頭に置いておかないといけないのは、「姓のあり方」はわれわれの想像よりはるかに多様だということである。

日本の姓は家族の名前を表す、いわゆるファミリーネームといわれる。しかし、姓は自分の出自を示すものとして、男であろうが女であろうが結婚後も変わらず、生涯同じ姓を名乗り続ける文化もある。また、夫婦の姓を合わせた「複合姓（結合姓）」を名乗る文化もある。

したがって、「子は両親と同じ姓を受け継ぎ、女性であれば結婚する時に夫の姓に変わる」というイメージは多様な姓のあり方のごく一部であり、普遍的なものではないのだ。そして、それぞれの文化をもとに制定されている、それぞれの国や地域の「結婚と姓」をめぐる制度もさまざまである。

たとえば、日本と同様に儒教的な価値観の影響が強い東アジア諸国のうち、中国、韓国、台湾は「夫婦別姓」の伝統を持つ（図表1-1）。その背景には、姓は家族の名前ではなく、その人の系譜を示すものという考え方があり、夫婦それぞれの父の姓を名乗る父系制の伝統がある。それらの価値観においては「姓を変えることは、自分の親をないがしろにすること」であり、配偶者と同じ姓であることより、父親と同じ姓であることが重視されるのだ。

そのため、夫婦別姓といっても、現在日本で議論されているような「選択的」夫婦別姓というよりは「強制的」夫婦別姓の伝統ともいえる。女性が男性に付き従い、そして親孝行を説くのはまさに儒教的な価値観といえるが、同じ儒教の影響が強い国とはいえ「女はいつか嫁に行って姓を変える」ことが当たり前の国で育ったわれわれにとっては、すぐご近所の国々の姓をめぐる事情や考え方の違いに目から鱗《うろこ》が落ちる思いである。

図表1-1　夫婦の姓に関する国際比較

国名	制度	導入時期
日本	夫婦同姓	
中国	夫婦別姓	
韓国	夫婦別姓	
台湾	夫婦別姓	
アメリカ	選択的夫婦別姓	1970年代
フランス	夫婦別姓	
ドイツ	選択的夫婦別姓	1993年
タイ	選択的夫婦別姓	2005年
オーストリア	選択的夫婦別姓	2013年
スイス	選択的夫婦別姓	2013年

アジア以外の国々に目を向けると、アメリカももともとは夫婦同姓を定めていたが、1970年代に選択的夫婦別姓を導入した。また、フランスは原則夫婦別姓だが、結婚後に配偶者の姓を名乗ることもできる。

一方、日本と同じく夫婦同氏制を採用していた国の例でよく挙げられるのが、ドイツである。ドイツは、明治期に制定された日本の近代法制度に大きな影響を与え、夫婦同氏制においても「お手本」とされた。ドイツ法における「氏」は婚姻共同体の名称とされたからだ。しかし、そのドイツも1993年には民法の改正を行い、選択的夫婦別姓を導入している。

近年では、2005年にタイが民法改正の

際に、2013年にはオーストリアとスイスが選択的夫婦別姓を導入した。こうして、ほぼすべての国が「夫婦は姓が同じでなくてはならない」という夫婦同氏制を取り下げていくことになったのである。世界でたった1つ、われわれが暮らすこの国を残して。

こうした世界の潮流が日本に影響を与えないわけがなく、とくに1980年代以降、日本でも世論を巻き込み、夫婦同氏制の廃止は幾度も議論となってきた。しかし結局、「夫婦がどちらかの姓を選択しなくては結婚できない」という夫婦同氏制は維持されたまま、今日にいたっている。

これについては国連の女性差別撤廃委員会でも問題視されており、2003年の最初の勧告以降、09年、16年にも勧告が行われ、そして18年12月には日本側の報告に対し、さらなる行動に関する情報を求める見解が外務省に送られている。国連は、結婚後も旧姓を使用できるような法改正を日本に対して繰り返し求めているのだ。それは日本の夫婦同氏制が実質的に女性に不利益を強いる制度として機能しているとみなされているからであり、そのことが1985年に日本が批准した「女性差別撤廃条約」に違反するからである。

「通称使用のままでよい」とはいかない理由

ここまで国連が問題視している「改姓にともなう不利益」とは、どのようなものだろうか。

まず、女性でも男性でも、とにかく改姓には名義変更の手間がかかる。行政での手続き、職場での手続き、いくつもの銀行口座に何枚ものクレジットカードなどなど。多くの人は数十の手続きが必要になるといわれている。どれも「名前は変わっても中身は同じ人間であること」の証明が厳密に審査される手続きばかりであり、つまり改姓した人間はその厳密な審査に何十回も付き合わなくてはいけないのだ。

また近年、とくに結婚改姓について問題化されてきたのが「キャリアの分断」である。たとえば僕のような業種は研究者としての業績を看板にして仕事を得ている。しかし、もし途中で名前が変わってしまえば、旧姓の頃の業績と新姓での業績が同一人物の業績として把握されなくなるのだ。具体的には、僕がいま名乗っている名前を「ググった」時に、僕の過去の仕事がちゃんとヒットしなくなる可能性がある。これは研究者にとっては死活問題だ。そのため研究者の業界では昔から、さまざまな不利益を強いられながらも事実婚を通すカップルも多かった。

さらに、さまざまな業種で終身雇用が望めなくなった現在では、活躍の場を移しながら自分の名前を看板としてキャリアを形成していく人が多くなっている。今後ますます、結婚改姓による困りごとに直面する人が増えることは間違いない。

「じゃあ、普段は通称で仕事をすればいいじゃないか」

そう思う人も多いだろう。かくいう僕自身も現在は通称で仕事をしており、「中井」という苗字は旧姓である。しかし、業務に旧姓（通称）の使用を認めていない企業も多い。その背景には、納税や社会保障などに関する手続きには戸籍名が必要といった事情があるといわれている。

また戸籍名で登録される国家資格に関わる職種では、旧姓での業務継続に困難があることも知られている。結局は国家が個人を厳密に把握する場面で戸籍名が必要なかぎり、場当たり的に通称使用の拡大を進めてもどこかで必ず不整合が出てきてしまうのだろう。

図表1-2 旧姓使用の状況（企業規模別）

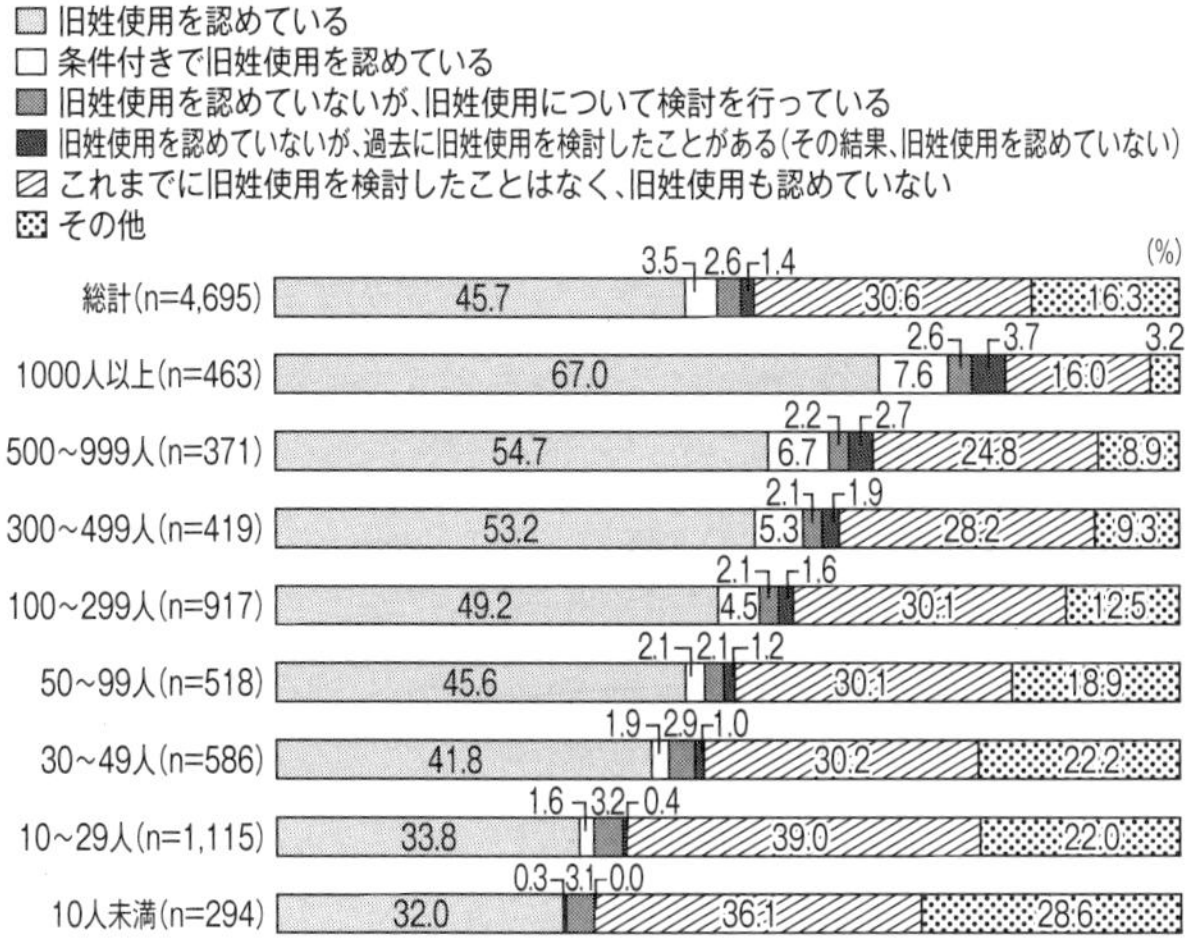

出所：内閣府男女共同参画局『旧姓使用の現状と課題に関する調査報告書』

データで見る旧姓使用の現状

ここで、旧姓使用の状況に関する詳しいデータを見てみよう。

２０１７年３月に内閣府男女共同参画局が発表した『旧姓使用の現状と課題に関する調査報告書』によると、何らかの形で旧姓使用を認めていると回答した企業は49・2％となっている（図表1－2）。全体の約半数だ。一方、あらゆる場面で旧姓使用を認めていないと回答した企業は30・6％である。図表1－2からは、企業規模が大きくなるほど旧姓使用を認めている企業の割合が高くなることが見て取れる。

図表1-3　旧姓使用を認めている範囲

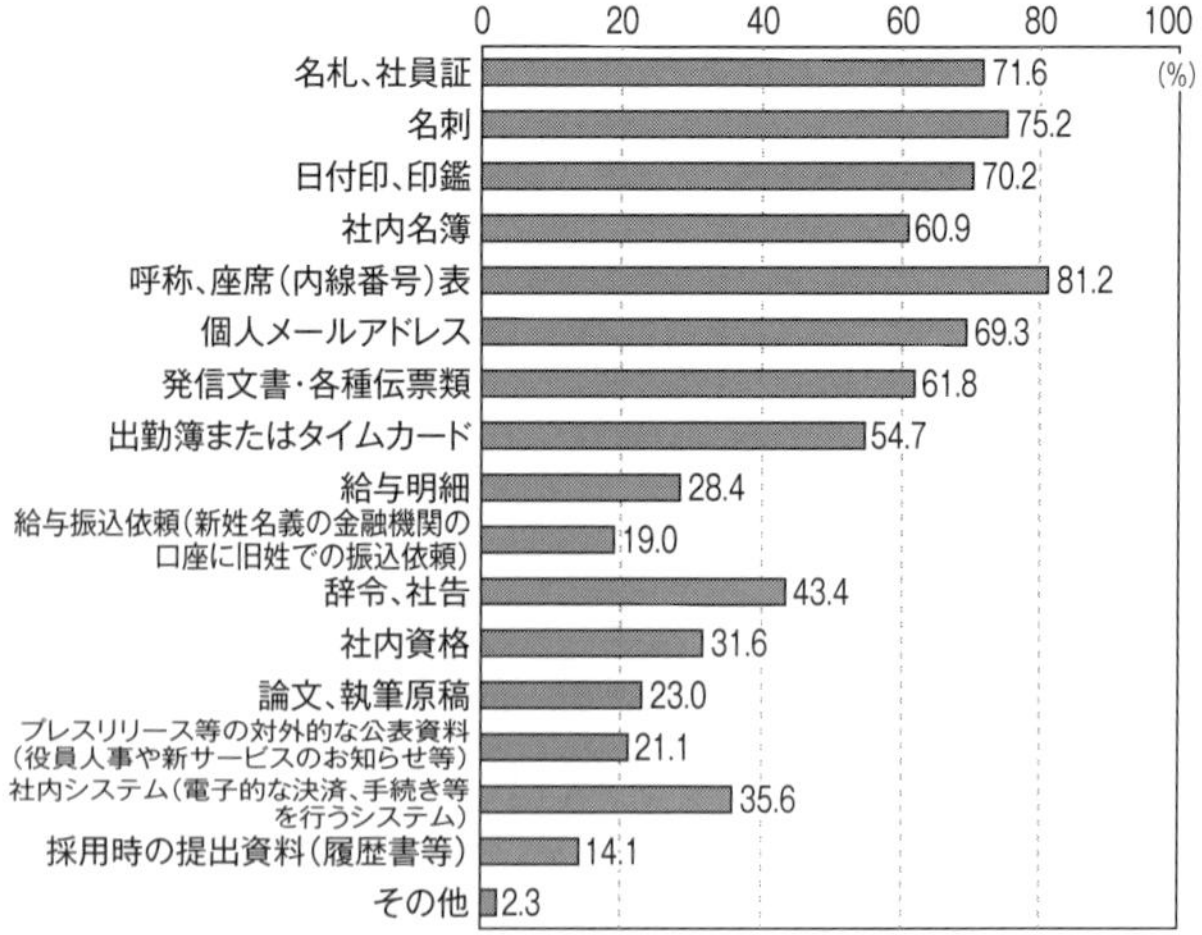

出所：内閣府男女共同参画局『旧姓使用の現状と課題に関する調査報告書』

しかし、旧姓使用を認めている範囲に目を向けると、複雑な現場の実情が垣間見《かいまみ》える。たとえば名刺や社員証の表記、座席表などでの旧姓使用を認める企業は7割を超えているが、給与明細での旧姓使用を認めている企業は2割にも満たないのだ（図表1-3）。

つまり旧姓使用を認めていると回答した企業でも、実態としては日々の業務のなかで場面によって旧姓と戸籍名を使い分けながら仕事をさせているということである。いうならば、デスクに2つの名前のハンコが用意してあり、書類によって押すハンコが違うということである。ハンコを押して提出する側だけでなく、その書類を受け取って処理する社員の「あーもう！　ややこしい！」というため息が聞こえてきそうである。

いずれにせよ、仕事で旧姓を使い続ければいいじゃないかといっても、仕事の現場の実態はそれほど簡単な話ではないことがうかがえる。

改姓の苦労は女性にも「意外と理解されない」!?

このような結婚に伴う改姓の苦労やコストを語る時、男性の無理解はよく話題に上がる。しかし、実際には女性の間でも「え？　苗字変わっても、私はそんなに苦労しなかったよ」という声が上がることも珍しくない。

職業生命や家名の存続に関わるため、結婚改姓が人生の重大な障壁となって法律婚ができない人がいる一方、「苗字を変えても私は別に苦労しなかったけどな」と首をかしげる人もいる。どちらかが嘘をついているならば話は簡単だ。しかし厄介なことに、それぞれ実体験に則した真実なのである。

ここに結婚改姓をめぐる問題の「ややこしさ」があるといっていいだろう。この問題における当事者とは、法律婚が同氏制を採用しているかぎり、苗字を変える側も変えさせる側も含めた、日本のすべての人である。しかし、その当事者たちに生の声を聞こうと思っても、改姓の苦労や負担、何を失うのかはそれぞれまったく異なるのである。あまりにもバラバラなのだ。

「俺が結婚した時は」「うちの親が再婚した時は」「うちのオフィスでは」——そうやって、誰もが当事者としての経験と自負に裏打ちされた持論を語る一方、誰もが他人のケースに関して「初耳」なのである。

そのため、結婚改姓に伴う苦労を誰かに語ろうとすると、非常に面倒くさいことになる。資格職など業務で戸籍名が必要な仕事なのかどうか、名義変更に数十万円もの費用がかかることもある株や不動産などの資産を保有しているかどうか、専業主婦なのか共働きなのか、他に家名を継ぐきょうだいはいるのか、さらには結婚・離婚歴までを説明し、それぞれ自分の生き方や働き方から理解してもらう必要がある。それぞれの人生の数だけ、改姓に伴う苦労や思いの形があるからだ。

それゆえに、この問題を国民的議論の俎上《そじょう》に乗せることは容易ではないのである。それは2人で婚姻届を提出し、結婚した男女にとっても同じである。同じ書類にサインをして同じ食卓を挟んでいても、経験していることや感じていることはまったく違う。ああ、こうして今日もまた僕らはすれ違うのである。

3 「こんなに面倒だとは……」リアルな目線で感じた不都合

フリーランスから見た「旧姓の通称使用」

さあ、愚痴はこれくらいにして、僕の話をしよう。働き方改革の時代だか何だか知らないが、結婚で苗字を変えた男の、一向に「改革されない働き方」を説明しよう。

この国にかぎってというわけではないのだろうが、とにかくこの世間を渡って生きていくには肩書が必要だ。僕がいま持っている名刺には「龍谷《りゅうこく》大学 社会学部 非常勤講師 中井治郎」と書いてある。もちろん嘘ではない。確認したことはないが、おそらく龍谷大学から怒られることもないだろう。ただ、たしかに嘘ではないのだが、正直なところ少しズルいかもしれないと感じることはある。事情をよく知る大学関係者ならいざ知らず、一般の人がこの名刺を受け取った時に抱くイメージから、僕の働き方の実態が少しズレているだろうことも自覚しているからだ。

たとえば一般の会社に社員として勤めている人が持つ名刺の肩書と、僕の名刺の肩書は少し意味が違う。一般の会社員の人の名刺は所属を表すものである。しかし、僕は龍谷大学に所属しているわけではないのだ。

もちろん僕自身、龍谷大学でいくつも授業を担当しており、名刺の「非常勤講師」という肩書はそのことを示すものである。しかし、この原稿を執筆している現在（2021年度）、僕は3つの大学と1つの専門学校で授業を担当している。もちろん4つとも別々の学校法人である。さらには雑誌、ウェブメディアの記事や書籍の執筆、各種メディア出演や講演など、落穂拾いのように小商いを拾い集めながら生きている。

このように僕の名刺に法人の名前が書いてあるからといって、僕がそこに専属的に「所属」しているというわけではない。僕は僕で勝手に仕事を集めてきては糊口《ここう》をしのいで生活しているのだ。新しい仕事が決まるたびに上司にあたる人物がいて副業届を提出するようなこともない。よって確定申告も自分で行う。実態としてはフリーランスといってよいだろう。

そしてその時、僕は「中井治郎」という旧姓を使い続けている。少し前までは本名だったのだが、結婚して改姓したいまは、ペンネームということになる。いわゆる「旧姓の通称使用」というやつである。

まさかの「マイナンバーカード」に翻弄される日々

そして、この「フリーランス的働き方」と「旧姓の通称使用」の2つが重なった時、何が大変になるかというと、たとえば「マイナンバー」である。大きな議論を巻き起こしながら莫大なコストをかけて鳴り物入りで導入されたにもかかわらず、コロナ禍という社会的危機の際にも何の役に立ったのか誰にもまったく分からない、あのマイナンバーだ。

あなたのマイナンバーカードや通知カードが、家やデスクのどこにしまってあるか、すぐに思い出せるだろうか。1つの会社から支払われる給与で生計を立てている人であれば、マイナンバーとの付き合いは、導入時か入社時にいちど会社に提出して、それきりもう何年も見ていない……という人もおそらく多いだろう。

しかし、僕はそうはいかない。先述の通り、落穂拾いの暮らしだからである。1件ずつが少額の「小商い」だからこそ、取引先となる企業や学校の数は10件や20件どころではない。膨大である。そしてその都度、マイナンバーの提出を求められるのである。

スキャンした画像データを求められるのはまだよい方である。マイナンバーカードをコピーした紙をハサミで切って、糊《のり》で台紙に貼り付けて郵送したものしか受け付けないと厳然と申し渡されることも少なくない。新時代の個人管理システムであるはずなのに、現場は前世紀どころか、昭和のまま乗り切ろうとしているのだ。

そんな不条理を呪いながら、僕が自宅の複合機と引き出しのハサミを使ってせっせとマイナンバーを送った先は、もう何十件になるのか数えきれない。なんだかとても重要な個人情報だという触れ込みだが、もはや個人の情報管理が及ぶ範囲ではない。管理する根気もとうに失《う》せた。いったいこの作業にどんな意味があるのか……。ジャンルを問わずフリーランスとして働くならみんな、ハサミを握りながら似たような虚しさを嚙《か》みしめているのではないだろうか。

そして、そんな不条理に追い打ちをかけてくるのが改姓問題なのである。マイナンバーを送った宛先の数だけ、「仕事の署名とマイナンバーに表記された戸籍名が違う」という事態に先方の事務フローが引っかかるのである。もしかしたら「中井治郎」などという地味な名前ではなく、ひと目でペンネームだと分かるような奇抜な名前ならば、これほどの問い合わせはなかったのかもしれない。苗字は異なるが、下の名前は同じであることも混乱のもとなのだろう。

いずれにせよ、ペンネームにしては生々しすぎる名前のために（そもそも数年前までこれが戸籍名だったのだから生々しくて当たり前なのだが）、僕は「一応確認のため」という数えきれないほどの問い合わせに対応し続けなくてはいけないのである。

先方も事情に察しはついているのではないかと思うのだが、先述のように結婚で改姓する男性は全体の４％である。レアケースといえばレアケースだ。上司から「一応、本人に確認するように」と言われているのかもしれない。そういう時はだいたい「誠に失礼なのですが……」と単なる事務的な確認にしては非常に恐縮した連絡が来ることになる。その様子から察するに、終わりのない問い合わせに辟易《へきえき》して気の短い対応をしてしまう同志も多いのかもしれない。

機能しないマイナンバーと、どちらかが苗字を捨てないと結婚できない法制度。もはや誰が加害者で誰が被害者なのかさえも分からないが、僕の改革されない働き方は今日もカフカの小説のように、不毛な不条理に振り回されている。

どうだろう、あなたが、もし結婚して苗字を変えたとしたら。あなたの働き方、生き方にはどのような不都合が発生するだろうか。

パスポートの「例外的措置」とされる旧姓併記

このように働き方や生き方によってそれぞれが味わう苦労、見えてくる景色がまったく異なるのが結婚改姓なのである。一億総中流などといわれた時代がはるか遠くなり、働き方や生き方が多様化しつつある現代で、あらためてそれぞれの名前のあり方が問題となったのは自然なことかもしれない。

そして多くの人々が国境をまたぎながら生きる新しい時代の到来もまた、通称使用による不整合を引き起こす。象徴的なものはパスポートの旧姓併記をめぐる問題であろう。

2021年4月に要件が緩和されるまで、日本のパスポートは基本的には戸籍名でしか作ることができないものであった。しかし、国際結婚や二重国籍、またその人の業績から通称(旧姓)での海外での活動が特別に認められた場合など、ごくかぎられた要件の下でだけ、

「例外的措置」としてパスポートの新姓の隣に旧姓を併記することがあるとされていた。

そして、この「例外的措置」の厄介なところは、それが日本独自の措置だということである。パスポートの国際規格である国際民間航空機関（ICAO）の規格に則《のっと》ったものではないのだ。そのため、パスポートに組み込まれるICチップには戸籍名しか登録できない。その結果、紙面に印字された名前とICチップを読み込んだ際に表示される名前が異なる「不審なパスポート」が誕生してしまうのである。

ただでさえテロや国際犯罪の増加で、各国のパスポート・コントロールが年々厳格化される折である。日本がローカル・ルールで例外的に発行しているこの「不審なパスポート」がさまざまなトラブルのもとにならないわけがない。これは旧姓でキャリアを築きながら、海外で活躍する女性たち（そして改姓した男性たち）にとって深刻な問題となった。ビジネスで名乗る名前と、身分証の提示を求められる際に示す名前が違うのだ。まさに「海外出張のたびに大変」なのである。

2019年6月、この問題を嘆いた一般女性のツイートに河野太郎外務大臣（当時）が直接返事をし、外務省に対応を指示することを約束した。それが話題となり、ようやく2021年4月に外務省は「これまで非常に厳格な要件の下で認めてきた」パスポートの旧姓併記要件を大幅に緩和する。また、パスポートの身分事項ページで、旧姓併記に関して外国の入国管理当局などに対して分かりやすく示すため、英語での説明書きを加えることとなった。

いままさに海外出張のたびに困っている人々にとっては一歩前進といえるかもしれない。しかし、法を変えずに、現行法のなかでなんとかやりくりをしようとする、まさに「日本らしい」解決方法の一例といえるかもしれない。

4 政治と夫婦別姓――なぜ長年変わらないのか

選択的夫婦別姓を求める人々

結婚改姓の理不尽に耐えかねた訴えは、1970年代からさまざまな形での夫婦別姓運動として展開され、そのたびに厚い壁に阻まれて挫折してきた。しかし、その一方で切り口を変えながら、さまざまな新しい動きも生まれている。その1つはサイボウズ株式会社代表取締役社長・青野慶久氏らが2018年に提訴した「ニュー選択的夫婦別姓訴訟」である。

これまでの夫婦別姓運動は、女性に対する差別を問題提起するフェミニズム運動の文脈のなかで議論されることが多かったが、自らも結婚改姓をした男性である青野氏らは視点を変えて、まず夫婦同姓を強制することのコストを強調した。

改姓のための膨大な手続きに費やされる時間や手間、そしてそこに発生する費用。個人の、企業の、そして行政のコスト。これらのコストは無駄ではないか、と社会に問う。そして、そのうえで個々人が結婚の際に旧姓・新姓を選ぶことのできる選択的夫婦別姓を提案する。実にシンプルで明快な視点である。

そしてなにより、これまで男性にとってはどこか他人事《ひとごと》のように考えられてきた結婚改姓の負担や不条理を「男も考えなくてはいけない問題」に転換したという点で、青野氏らの訴えには大きな意義があったといえる。そのような意味では、たしかにこれまでの運動とは一線を画す新しい訴えであるといえるだろう。

また、2018年6月には野党6党派が、選択的夫婦別姓法案を衆院に共同提出。さらには同年に活動を開始した「選択的夫婦別姓・全国陳情アクション」の働きかけもあり、制度の導入に向けた国会審議の推進を求める意見書が、日本各地の地方議会で相次いで可決されるようになる。その数は21年10月末時点で305件に達する（選択的夫婦別姓・全国陳情アクション「各地の意見書可決状況」）。数十年にわたって分厚い壁に阻まれてきた選択的夫婦別姓を求める運動が、ついに外堀を埋めつつあるといえるかもしれない。

事態が大きな展開を見せたのは2020年の下半期である。選択的夫婦別姓について消極的な態度を示し続けてきた安倍晋三首相が辞任し、過去に前向きな考えを示したことのある菅義偉《よしひで》首相へ交代したことにより、停滞していた与党内での議論が再開されたのである。

争点となったのは、20年12月に閣議決定されることになっていた「第5次男女共同参画基本計画案」にどこまで選択的夫婦別姓の導入に踏み込んだ表現を盛り込むかである。これをめぐって自民党内でも推進派・慎重派が相次いで勉強会を立ち上げるなど、両陣営から議論と発信が活発化。あらためて結婚改姓をめぐる問題、そして選択的夫婦別姓が世論の注目を集めるところとなった。

その結果、原案にはいちど「政府においても必要な対応を進める」と制度の導入に前向きな表記が盛り込まれるも、自民党内の保守系議員らの反発を受けて、最終の第5次計画では「更なる検討を進める」という表現にとどまり、12月25日に閣議決定された。これは事実上のペンディングである。

そして翌年の2021年6月23日、最高裁大法廷は夫婦別姓を認めない民法の規定は憲法に違反するとして東京都の事実婚の夫婦3組が訴えた家事審判の特別抗告で、「夫婦同姓は合憲である」という判断を示す。同じく「合憲」とした2015年の大法廷判決を踏襲し、「国会で判断されるべき」と指摘したものであった。

やはり、壁は厚かった。雪崩をうつように一気に事態は進展したかに見えたが、ここにきてふたたびボールはわれわれに投げ返された。日本の夫婦別姓運動は「40年戦争」ともいわれる。長く取り組んできた人々が「最初はこんなに時間がかかるものだとは思っていなかった」とため息をつくように、この国の苗字のあり方は、僕の想像以上に、この社会の深いところに根を張ったものであることは間違いなさそうだ。

自分と周囲の関係性に「メスを入れる」勇気を持つ

それにしても、最高裁大法廷から「国会で判断されるべき」と国会へ、そして国民へ投げ返された「判断」とは、いったい何なのだろうか。

なによりもまず、選択的夫婦別姓とは人々に夫婦別姓を強いるものではない。夫婦で同じ苗字にするか別の苗字にするかを自分たちで決めるということである。

自分のことは自分で決めるのが大人とはいえ、これまで自分の名前ばかりはそうはいかなかった。生まれた家の苗字。親につけられた名前。そして、法律で決められた改姓と「妻が夫の苗字になるのが当たり前」という慣習。どれだけの人が自分の名前を自分で決めたと、胸を張って言うことができるだろうか。

しかし、これらの問いかけを目にして、これから結婚を控えている人は、自分が結婚する頃には同姓か別姓かを選択できるようになっているかもしれないと考えるだろう。そして、すでに結婚をしている人も、自分の過去の選択を振り返り、いま自分の苗字がどちらであるべきなのか、あらためて考え直すことになるかもしれない。

これまで自分の苗字について深く考える機会のなかった人も、その核心と向き合わざるを得なくなるだろう。苗字は家族の名前であるべきなのか、それとも自分のルーツを示すものであるべきなのか。そして、結婚のために苗字を変えることは、何を意味するのか。それはまさに自分のアイデンティティのありかをさがすために、自分と周囲の人々の関係性にメスを入れて解剖をするような作業であり、僕やあなたにとっても楽なことではないだろう。きっと、とても「面倒」なことである。

新しい家庭の名前を妻の苗字にする。僕もいま、そんな大切な思いつきから始まった「面倒」の真っ只中《ただなか》にいる。

そしてはからずも、結婚をめぐる法制度のあり方があらためて問い直されているこのタイミングで妻の苗字で結婚をして、夫の姓を選ぶ夫婦が96％というこの国を「裏側」から眺めることになってしまったのである。投げかけられる言葉、ふりかかるトラブル、周囲の戸惑い。すべてが初体験であり、恐る恐る地雷原を這《は》い進むような日々である。しかし、新しい人生の輪郭を掘り出す泥だらけの宝探しのような日々でもある。

しかし、これはきっと、ボールを投げ返されたこの国の人々の誰もが、いまこそ始めねばならない宝探しだろうと思う。どこを掘れば何が出てくるかもさっぱり分からない。しかし、さすがにもう見て見ぬふりもできないようだ。いまさらといわれるかもしれないが、僕もあなたも、もう大人なのだから。

第2章

「制度」から考える結婚と家族の歴史

1

「家族の代表」は誰？ 世帯と戸籍、2つの制度

ついに来た「10万円」……でも誰に？

2020年6月上旬。コロナ禍における最初の緊急事態宣言が明けた頃のことである。とっくに氷の溶けたアイスコーヒーが汗をかいて、テーブルに水たまりを作っている。僕は京都の自宅近所の喫茶店で、翌日が締切の原稿を書いていた。妻から「来た！」という悲鳴とも歓声ともつかないLINEが届いたのは、そんな時であった。わが家にもついに待ちかねたアレが届いたという知らせである。特別定額給付金、つまりあの「10万円」の申請書である。

国民に給付された総額は12兆円を超えるという。こう聞くとずいぶん大盤振舞のようにも聞こえるが、よく考えてみたら、いままで税として支払ってきた自分のお金のごく一部が「戻ってくる」だけである。だけど、僕らは悲しいくらい単純な生き物だ。1人10万円とい

えば、やはり大金である。長く続いた自粛期間明けということもあり、「足りない」「遅い」などと文句を言いながらも、内心はちょっとしたイベントのような気分で給付を待っていた家庭も多いだろう。

しかし、生まれたばかりの赤ん坊をも含む全国民に対して一律に給付されるこの10万円は、多くの議論を巻き起こすことになった。なかでも「炎上」の火元となったのが「受給権者は世帯主」とされた点である。つまり、国民一律10万円といっても、一人ひとりに10万円が手渡されるわけではなく、給付対象者の属する世帯の世帯主がその人数×10万円を受給するものだったのだ。これに対して、「DVなどで世帯主とその家族の関係に問題がある場合、給付金が適切に給付対象者の手に渡らないのではないか?」という批判が殺到することになったのだ。

政府は世帯主への一括給付を「給付手続きを効率的に進めるため」と説明したが、結局、世帯主の暴力から避難していることが確認できる書類と所定の申出書が提出された場合のみ、世帯主とは別に給付金を受け取ることができる例外的措置をとらざるを得なくなった。しかも、その申出書の提出期間も当初は「20年4月23日から30日まで」とされ、当事者からは「大急ぎで役所に駆け込まないと間に合わない」という悲鳴の上がる性急なスケジュールでの決定と告知であった（当然のことながら申請期間は延長されることになる）。

給付金をめぐるこの一連のドタバタ劇を振り返ってみると、あらためて気づくことがある。コロナ禍という前代未聞の災禍の特殊性と緊急性を差し引くとしても、「家族のうちの1人に、残りの家族が受け取るべきお金を託す」ことへの国民の違和感が、政府の想定外のものだったということである。そして逆に、われわれがあらためて思い至ることになったのは、国家が当然のごとく想定していた家族像である。つまり、「家族を代表する者」という存在と、「その1人のもとに束ねられた集団」という家族の形である。

「妻氏婚」の場合、家族の代表者はどちら？

「10万円」を受け取るためには、申請書に記入して提出しなくてはならない。僕は京都で暮らしているので、京都市から特別定額給付金の申請書が届いた。届いた封書を開けてみると、申請書の「世帯主（申請・受給者）」の欄にはあらかじめ僕の名前が記入されており、「給付対象者」の欄には僕の名前と妻の名前が並んでいた。これはつまり、妻の分も含めて僕が受給するということであろう。

「なるほど、世帯主である僕がこの家族を代表して国からお金を託されるんだな……」

そう思ったところで、「あれ？」と思う。ここでようやく本書のメインテーマであるが、うちは夫である僕が妻の姓に変わった妻氏婚なのである。たしかにこの世帯の主たる「世帯主」は僕である。しかし、結婚をして新しく作った2人の戸籍の「戸籍筆頭者」は妻なのだ。では、この家族の代表者はどちらになるのだろうか……？

世帯と戸籍。「どちらも家族のことでしょ？」くらいにしか考えたことがなかったのだが、いわれてみれば不思議な制度である。日本の家族はなぜかそれぞれ異なる2つの制度で登録されているのだ。いったいどのような違いがあるのだろうか。

世帯と戸籍、その違いとは？

まず世帯主とは「主として世帯の生計を維持する者」を意味する。同じ住所で同居する世帯ごとに世帯主が定められ、住民基本台帳法に基づいて市区町村が個人を単位として作成する住民票に記載される。同じ住居に居住している場合には、他人であっても同一の世帯に入ることができる。

その一方、たとえ親からの仕送りで暮らしていても、一人暮らしの大学生などは別の世帯ということになる。世帯員は増やしたり分離したりすることが可能であり、結婚はもちろん、子が生まれたり、またその成長による独り立ち、そして老親との同居など、それぞれの人生のさまざまなステージでの出入りが頻繁にある。

家族を登録するもう1つの制度である戸籍と比べると、あくまで現時点の状況を示すだけのものであり、流動的なものであるといえるかもしれない。そしてもちろん、世帯を同じくする人々が同じ苗字である必要はない。

一方で、戸籍制度は夫婦およびその子を単位として親族関係を登録することで、国がその人の身分を証明する制度である。その歴史を遡ると、7世紀後半に中国・唐に倣って導入されたもので、変遷を重ねながら、明治時代に現在と同じく「氏」を基準に家族単位で記録されるものとなった。

これはその人をその家族関係を基準に管理するもので、個人単位で国民を管理する欧米の方式とも根本的に異なる。かつては中国、韓国、台湾にも同様のものがあったが、いずれも廃止されるか、居住登録という意味合いの制度に変更されるなどしている。そのため、現在では戸籍制度は日本特有のものであるといわれる。そして、その戸籍を代表する者が「戸籍筆頭者」である。

では、世帯主に対して、この戸籍筆頭者とは何を意味するのだろうか？

2 家族の序列――誰が「上」で、誰が「下」なのか？

制度化された家族の序列

現在のような形の戸籍制度は1871年（明治4年）の戸籍法制定に遡ることができる。これは、それまで身分や地域、生業《なりわい》などにより多種多様な形を持っていた日本の家族の形を、国家が規格化し、統一的に管理しようとする制度であった。

その意味で戸籍制度は、日本古来の伝統というよりは「きわめて近代的」な制度であるともいえる。この戸籍制度が規定した家族の形は武家の家族制度を下敷きにしているとはいえ、日本の伝統的家族というよりは、明治という新しい時代の近代国家の要請に従って構築された「新しい」家族の形だったからである。

そして、この大日本帝国時代における戸籍制度は「戸主」の存在によって特徴づけられる。たとえば明治民法では、戸主と家族の関係について次のように規定されていた。

「第七百三十二条　戸主ノ親族ニシテ其家ニ在ル者及ヒ其配偶者ハ之ヲ家族トス」

まさに家制度とは戸主を起点として、それぞれの人間を位置づけていくものであったということである。そこにおいて家族とは戸主と同じ氏のもとに束ねられた人々のことを指し、その家督（家の財産、系譜継承権、墳墓等所有権など）は戸主が独占的に継承した。

そして、明治民法は戸主だけでなく、家族の間の上下関係も細かく明文化していく。まず家族のなかでも年上の世代を「尊属」、年下の世代を「卑属」とした。さらに戸主は原則として嫡出の長男とされたため、その優先順位が明確となるよう「長男」「二男」など順番が記載された。

ここまでの説明を聞いて、「なるほど、長幼の序とか年功序列というやつだな。日本らしい」と納得する人も多いだろう。しかし、家族間の序列は単に生まれた順番だけで決まるものではなかった。嫡出と非嫡出、つまり結婚した男女の子どもであるかどうか、さらには父の認知があるかどうかも明確に区別できるように、「私生子男（女）」や「庶子男（女）」などとして記載されたのである。

このような明治民法に始まった戸籍制度における子どもをめぐる記載は、「何番目に生まれたのか」「結婚している男女の間に生まれたのか」「父親の認知があるか」など、その子どもの生まれの条件によって、子どもの権利に序列をつけるものであった。家督相続人としての優先順位はもちろん、たとえば非嫡出子は遺産相続の場合、その割合が嫡出子の2分の1とされるなど、たとえ同じ人の子どもであっても明確な差が設けられた。また妻の財産は夫が管理することなど、性別による差別、つまり「男尊女卑」を制度化したのも明治民法の特徴である。

法の定めるところとなったこれらの家族内序列は社会に投影され、今日まで続く長子・年長者優先、非嫡出子差別、そして女性差別の意識が日本社会に深く根づくことになったといわれている。

そして、このような家族内の序列の最上位にあるのが「戸主」であった。かつて、この国にも、逆らえない恐ろしいものとして「地震、雷、火事、オヤジ」などといわれた時代があった。つまり「オヤジ」を頂点とするこの国の家族像はここに制度化されたのである。

「戸主」の時代

明治民法はこのように、家族のなかで誰が誰より「上」で、誰が誰より「下」なのかという序列を事細かに制度化した。そしてその家の「主」たる戸主は、戸籍の異動に関わるすべてにおいて同意権と届け出の義務を負い、家族を管理掌握する権限を持った。

これは婚姻や縁組など家に関わる人生の重大な局面には、原則的に戸主の同意が必要となるということであり、たとえば、自分が誰かと結婚したいと思ったとしても、「親の許しを得る」というステップを踏むことが法的な意味でも必須であったということである。

戦前までの映画や小説に描かれる、親の許しを得られないカップルの駆け落ち。現在ではほとんど聞かれなくなった恋人たちの選択だが、その背景にはこのような制度的な事情があったのである。

一方で、戸主はその家族に対する扶養義務を負うことにもなった。古い言葉には「家長」という言葉もあるが、まさにこの時代、その立場に置かれた人間には家族それぞれの人生に対する大きな権限が与えられただけでなく、重い社会的責任も課されたのである。

これはいうまでもなく家父長制的な「一家の大黒柱としてのお父さん」という観念を形成するものであり、戦後の民主化や核家族化を経てもなお残存し、高度経済成長期のサラリーマンと専業主婦という家庭内性別役割分業のモデルとして受け継がれることになった。

結婚は「入籍」ではない？ 戦後民法と戸籍制度

しかし、このような明治以来の戸籍制度が大きく変わったのも戦後である。「法の下の平等」を宣言する新憲法の下、民主主義の理念に基づく民主的で平等な家族のあり方が模索されるなかで、1947年の民法改正によって、個人を縛り付ける家制度は廃止された。結婚についても自分が属する家の戸主の同意を得る必要はなくなり、「両性の合意のみ」をもって可能となったのである。

しかし、戸主権は廃止されたものの、同一氏の者のみを2世代にかぎり記載するものとして戸籍制度は存続されることとなる。

よく勘違いされているが、現在の戸籍制度はその人のルーツを証明する家系図のような制度ではない。あくまで夫婦とその子どもまでしか記載・証明されないからだ。また、それによって結婚は夫か妻のどちらかが、どちらかの家の戸籍に入ることではなくなった。婚姻届によって夫婦が同一氏になり、2人で新しく1つの戸籍を作ることが、この国における新たな結婚となったのである。

つまり、いまでも結婚することを「籍を入れる」「入籍」などというが、実はこれらの言葉は誤りなのである。現在の戸籍制度においては、婚姻は「2人で新しく籍を作る」ことであり「籍を入れる」ことではないのだから。

そうはいっても「入籍」や「嫁に行く」などの家制度を前提とした言葉が、結婚を表す言葉としていまだに日常的に使用されていることもまた、この国の現実である。制度的には廃止されたとはいえ、いまでも人々の意識のなかには、明治民法で描かれた「家」の観念が、それほど強く、また自然に残存しているということなのだろう。

そして、男女2人が結婚して新しい戸籍を作る際に、氏を変えない者が「戸籍筆頭者」となるよう定められた。つまり、かつての「戸主」のような権限はないとはいえ、公的にその家を代表する者という存在は残されたままとなったのである。

3 家族の形と、ちぐはぐな制度

「世帯主への一括給付」が〝炎上〟したのは、必然だった？

約150年前に近代的な国民国家として生まれ変わった明治の日本は、それまで多様であった家族の関係性を規格化し、画一的な近代家族を基礎単位として国民を管理するようになった。当時としては、とても効率的な方法だったのかもしれない。

しかし、コロナ禍における「世帯主への一括給付」が紛糾したのは、もはやそのやり方が通用しなくなってきていることを示すものであるともいえる。かつては住民票上の世帯主にしか給付されないことが多かった企業の扶養手当や住宅補助も、1990年代以降は実質的な男女差別に当たるとして改善が進んでいる。

考えてみてほしい。もし、少し前の日本だったら。毎月、給料袋を持ち帰る夫が「うちの大黒柱」と呼ばれ、財布の紐《ひも》を握る妻が「うちの大蔵省」と呼ばれた時代ならば、どうだっただろう。世帯主への一括給付はこれほど紛糾しただろうか。

戸主権を規定し、家族のあり方を初めて制度化した明治の戸籍法の運用開始（１８７１年）から、戦後の戸籍法全面改正（１９４７年）まで73年。さらに、その改正から70年以上が過ぎた。個人化、少子化、そして男女の生き方の変化。すっかり変わってしまったいまの日本の家族の姿を、１９４７年の戸籍法が想定していなかったとしても無理のないことかもしれない。

結婚と戸籍の間の「不条理なバグ」？

しかし、それにしても、だ。結婚改姓した1人の日本人として「いや、やっぱりこれは無理だって」と思うことは多い。僕自身、自分の困りごとに頭を抱えながら日本の結婚制度や戸籍制度について調べていくなかで、その不条理な「バグ」に驚き、呆《あき》れることが珍しくなかったからだ。

僕が驚いた結婚や戸籍制度のバグには、たとえば国際結婚にまつわるものがある。先に述べたように、現在の日本の法的な結婚とは、2人がどちらかの氏に束ねられて、その氏で新しい戸籍を作ることである。そして出来上がった新しい戸籍は、親子や婚姻関係など、家族との関係からその人を証明するものである。

しかし、この国の戸籍制度はあくまで日本人を登録し、証明するものである。つまり日本人しか登録されないのだ。そのため外国人と結婚すると、その外国人配偶者は戸籍には登録されない。つまり、国際結婚をする日本人が作る新しい戸籍には、その人、1人しか登録されないのだ。戸籍は誰かと家族になる際に作られ、家族との関係からその人を証明するものであるはずだ。しかし、この国際結婚で作成されるたった1人だけの戸籍は、いったい何を登録し、何を証明しているのか。そう考えてみると何とも皮肉である。

また現在、日本は夫婦同氏制を採用している。そのため、どちらも氏を変えないままの結婚は基本的に許されない。「一家一氏一籍」の原則通り、氏が違う者は同じ戸籍に入れないからである。戸籍制度は日本特有の制度であると述べたが、この戸籍制度こそが、「いまとなってはわが国以外にない」夫婦同氏制が維持される大きな理由の1つなのである。

しかし、ここで重大なバグが発生する。いや、バグというよりは「ハック」といえるかもしれない。違う氏の人間は同じ戸籍に入れない。だから別姓での結婚はできない。しかし、外国人はそもそも、戸籍に登録されないのだ。そのため、外国人と結婚するならば2人とも氏を変えない別姓での結婚が法的に可能となるのである。

バグなのかハックなのか分からないが、とにかく「勘弁してくれよ……」というのが率直な感想である。端的にいって不平等であり、不条理である。どちらかが外国人ならば認められた結婚が、「日本人同士だから」という理由で認められないのだ。日本の制度なのに！

現在、わが国における国際結婚の割合は4％程度であるという。これは奇しくも結婚の際に妻の苗字に変える妻氏婚の割合とほぼ同じである。どちらも取るに足らない「例外」ということなのだろうか？

重大な戸籍のバグは、なぜ生まれ、今日まで続いたか？

旧民法の家制度において、個人は家に属する存在とされ、氏はその家の名称であった。結婚が「入籍」であった時代は、嫁入りも婿入りも結婚は先方の「家に入る」ことであった。そもそも結婚をするにも、戸主の同意が必要であった時代である。また、その人がどの家に属しているかで、扶養義務や相続権なども大きく変わった。そのような制度だからこそ、それぞれがどの家に属しているのかを示す親子同氏・夫婦同氏の原則には重要な法的意味があったのだ。

しかし、1947年の民法改正によって家制度は廃止され、氏は家の名称ではなく個人の名称となった。結婚の際に戸主の同意を得る必要もなければ、氏の異同による扶養義務や相続権の法的な序列もない。もはや氏が同じかどうかは法的な意味を持っていないのである。

しかし、この国の制度はなぜか「家族は同じ氏であること」にこだわった。

家制度が廃止され、法的な意味を失ってもなお維持されたわが国の親子同氏・夫婦同氏の原則。その根底にある「共同生活をする人々は氏を同じくする」という認識について、法学者・二宮周平は次のように述べている。

「結婚改姓せず、婚姻外で子をもうけず、家族と同居し、離婚もしないという人のみを想定したものではないだろうか」（二宮周平『家族と法　個人化と多様化の中で』岩波書店）

日本国憲法で示された両性の本質的平等と個人の尊厳とに立脚して改正された民法は、男女を平等とし、家制度を廃止した。しかし、この考え方が徹底されたわけではなく、民法の随所に家制度の考え方が残存してしまったのである。本章で述べてきたような戸籍制度にまつわる戸籍筆頭者や夫婦同氏制なども、その一例ということができるだろう。

その結果、国民の生活の実態とも乖離し、改姓に伴う不利益と不平等や、国際結婚の「例外」など、さまざまな不整合や矛盾を生むことになったのである。

現在の社会にまで残る家制度の痕跡

こうして平等を謳う日本国憲法にもかかわらず、日本の家族や結婚をめぐる諸制度にはさまざまな不平等が残存した。戦後に改正された新しい制度のなかにも、まだら模様のように家制度の秩序と差別が残ることになった。

たとえば、家の序列である尊属・卑属も、家制度の廃止とともに消えたはずの法的序列である。しかし、これについても刑法に「尊属殺人罪」が戦後も長く残ることになった。これは自己または配偶者の父や母など直系尊属を殺した者について、通常の殺人よりも重い罪が科せられるものである。これは家族内の序列を反映したものであり平等の原則に反しているとして、違憲と認められて正式に刑法から削除されたのは1995年のことである。

さらに家制度のもとでは、婚姻内の男女の子（婚内子）より、婚姻関係にない子（婚外子）を劣位に置く差別――戸籍における記載の区別が制度化されていた。この婚内子と婚外子の記載の区別が差別にあたるため違憲であると判断され、区別なく「長男」「長女」と表記されるように改正されたのは実に２００４年である。なんと21世紀まで温存されていたのだ。

そして現在、いまだ別姓での結婚は許されていないし、芸能人が結婚するたびに週刊誌は「入籍」と書き立てる。１つずつ家制度の残滓《ざんし》を削り落としながら、じりじりと進んできたとはいえ、これがこの国の現在地なのである。

日本の家族の転換点と、ちぐはぐな私たち

このような民法における戸籍や結婚をめぐる制度は、国民に対し家族や結婚のあるべき姿を示すものである。一方で、そのあるべき姿に当てはまらない生き方をしようとする者は、実質的に不利益を被ることになる。そうやって国民を「あるべき家族」「あるべき結婚」に誘導する機能を持つものである。しかし、われわれに示される「あるべき家族」「あるべき結婚」の形は、民法改正から70年以上を経てもなお、明治民法時代の家制度の影響を色濃く

残している。

家制度においては、誰しも必ず1つの家に属し、1つの氏を持ち、1つの戸籍に登録される。家長である戸主を筆頭に家の序列のなかで身分が振り分けられ、その支配—服従関係のなかで「分相応」に生きることが美徳とされた。このような家制度は、家族国家思想に根差した国民統合の方法であったと論じる政治学者・遠藤正敬《まさたか》は、「家の秩序において、個人はどこまでも家の一員として把捉される存在でしかない」と指摘している（遠藤正敬『戸籍と無戸籍　日本人の輪郭』人文書院）。

そして戦後、平等と個人の尊厳を保障する憲法とそれに基づく民法改正により、家制度は廃止されたものの、個人ではなく家族を単位として国民を管理するシステムとして戸籍制度は温存された。

しかし、住民基本台帳やマイナンバーなど、個人単位で国民を把握し管理する新たな制度が導入されていくなか、家族単位で国民を管理する戸籍制度は、ますます本来の機能的な意義を失いつつある。

現在、選択的夫婦別姓の導入をめぐって戸籍制度の意義が議論になる際、機能的な面よりもむしろ、国民に対して規範や道徳を示す役割が強調されることが多い。日本の伝統的な家族の絆《きずな》や家族の一体感などといわれることもあるが、その中身は家長の氏によって束ねられる家という家族像と、1人の個人ではなくその家の一員としての生き方の規範である。

1947年の民法改正から70年以上が過ぎ、人々の生き方は大きく変わった。晩婚化、少子化、共働き、国際結婚、別居婚、そして妻氏婚。人々の生き方が変われば、結婚、そして家族の形も大きく変わる。家制度の痕跡を残す戸籍制度や夫婦同氏制という旧来の制度が示す家族像と、現在のこの国の人々の現実との乖離が、日に日に大きくなっている。

そんな時代に結婚した僕らは、「戸籍筆頭者」の妻と、「世帯主」の僕が、たった2人の家族でお互い「家族の代表者」の席を分け合っている。

「……これでいいのかな?」

思わずお互いの顔を見合わせてしまうような、この奇妙なちぐはぐさこそ、まさにこの国の家族と制度をめぐる転換点に僕たちが立っていることの実感なのだろうと思う。

第3章

苗字を変えない男たち、あきらめ続けた女たち

1 わが一族の意外な真実と「次男の自覚」

ある心の引っ掛かり……。その理由はどこに？

「いや、僕は別にこんなつもりじゃなかったんだけど……」

冬の終わり。よく晴れた午後。ちょうどコロナがまだ海の向こうの出来事だった頃のことである。広々としたお寺の本堂に立派な仏様。その前でお経をあげる3人の僧侶たち。僕はその背中を見ながら、妻と、そして僕の父と3人で並んで手を合わせて、またいつものように途方に暮れていた。

事の始まりは、すでにお話ししたように、2019年の夏の終わりに、僕が結婚して妻の姓になったことだった。それについて、故人である祖父母への報告がまだ済んでいないことが少し気になっていたのだ。

心に引っ掛かっていた理由は、次男とはいえ僕が苗字を変えたことについて、祖父母、そして「中井」の家名を継いできた先祖への罪悪感のようなものもあったのかもしれない。そこで、結婚と改姓の報告に墓参りでもしようかと思うのだけれど……と、父に相談してみたことがきっかけだった。

柄にもない僕の提案。しかし、それに大喜びしたのは父ではなく、意外な人物だった。うちの家が檀家として代々お世話になっている檀那寺《だんなでら》の和尚である。

正直に言うと、「結婚に際して妻の姓を選ぶ」という僕の決断はそれほど波風を立てないものだったわけではない。いまから思えば、僕の結婚改姓にあたって、「また治郎がおかしなことを言い始めた」と、和尚は父から相談を受けていたのかもしれない。中井家の次男がまた家をかき回しているらしい、いまこそ私の出番……！　和尚がそんなふうに思ったのかどうかまでは分からないが、檀家の揉《も》め事を収めるのは檀那寺の和尚の腕の見せどころである。

とにかく和尚はノリノリで僕の提案を受け入れてくれた。その結果、「お墓に線香の1本でも……」という僕のささやかな計画はどこかへ消し飛び、いまどき法事でもなかなか見ないくらいに豪華な袈裟《けさ》に身を包んだ和尚をはじめ、完全に本気モードになった僧侶3人が、僕ら夫婦と父だけがちょこんと座っている本堂で、大仰な法要を執り行う事態にまで発展したのである。

和尚から告げられた一族の意外な真実

そんな厳粛な雰囲気のなか、僕らの結婚と改姓についてご先祖へ報告する法要は滞りなく進行し、そして、いつもの法事の締めとなる和尚の「お話」が始まった。

「今回、あなたは中井から出ていくということですが、そもそも中井家は、中井の外から来た人たちによって盛り立てられ、そして中井の外に出ていった人たちに支えられてきた家なのです」

（……え、そんな話、いままで聞いてなかったぞ⁉）

危うくそんな言葉が僕の口から飛び出すところであった。というのも、結婚に際して妻の姓を選ぶという僕の決断は、親族の間で揉めたといえば揉めたのである。親族にもろ手を挙げて賛成してもらえるようなことではなかったのだ。

「次男といっても、男が苗字を変えるのはこれほど異例なことなのか……」。まさにそんなことを身に染みて感じていた折に、和尚から我が一族の真実を聞かされることになったのである。

その内容はこんなものだった。大正時代に事業を成功させ、一族の礎《いしずえ》を築いたと親族で語り草になっている曾祖父が、そもそも養子として中井家にやってきた人であったこと。そして、僕が子どもの頃によく遊んでくれた祖父の弟は、婿として「中井の外に出た人」であること。ひと通り語った後、和尚はこう言った。

「そうやって、昔からこの家に縁のある人たちが外からやってきたり、外に出たりしながらこの家を支えて受け継いできた。だから、あなたも新しい家をしっかり盛り立てて、もし何かがあった時には、中井の家を外から支えられるように頑張りなさい」

先祖代々の墓を管理する檀那寺は、檀家一族の歴史を誰よりもよく知っている。さきほど檀家の揉め事は檀那寺の腕の見せどころと言ったが、なるほど、世代を超えて檀家を見守る和尚として実に見事な大岡裁きである。

そして、苗字を変えることを選んだ僕は異例どころか、僕の一族にはこれまで苗字を変えた男たちが当たり前に存在していたのである。

「いつか家を出なくてはいけない」という次男の「弁え」

「あんたは次男やから、この家にずっとおられへんねんからな」

最初に僕にそう言ったのは誰だったたろう。祖母だっただろうか、親戚のおばちゃんだっただろうか。お前は次男だから、いつかこの家を出なくてはいけない。だからしっかりしなさい。そのような叱咤《しった》というか、まあ、いわゆるお説教である。

僕は4人きょうだいの3人目として大阪に生まれた。きょうだいは兄、姉、そして3つ下の妹である。つまり、僕は次男である。

大人はつい「上の子」を厳しく育ててしまうものだ。「お兄ちゃんなんだから」とか「お姉ちゃんなんだから」などと、子どもを家族のなかでの立場を前提に叱るのはよくないと思っていても、うっかりそんな言葉が口から出てしまう親も多いだろう。

では、「お兄ちゃん」や「お姉ちゃん」ではない子は叱られないのか？　さすがにそんなことはない。「お兄ちゃん」や「お姉ちゃん」ではない子だって、（一応は）叱られるのである。次男だって、次男という立場を根拠にしたお説教のバリエーションがあったのである。僕の場合は、「あんたは次男やから、この家にずっとおられへんねんからな」だった。

長男は家に残ることができるが、お前は次男だからこの家を出ていかなくてはいけない。物心つくかどうかの頃からそう言い聞かされ、少なくとも小学校に上がる頃には、「僕はいつかこの家を出なくてはいけないのだ」と意識していたのをよく覚えている。次男の自覚というようなものだろうか。

前章で述べたように、この国の家制度なるものが厳然と存在した時代には、家族のなかでも、性別や世代、生まれた順により、誰が誰より「上」で、誰が誰より「下」なのか、道徳としてはもちろん、法的にも厳密で明確な序列が存在した。しかし僕が生まれ育ち、次男の自覚を仕込まれたのは昭和の末期である。さすがにそこまで厳格な序列があったとは思わないが、それでも自分がいま暮らすこの家を継ぐ者は誰なのか、出ていくべき者が誰なのかについて、このようなお説教を通してごく自然に「弁《わきま》え」ていた。

とはいえ、そのことに関して「兄ちゃんはずるい」などと不満や不平を感じていた記憶もない。そんなことを感じずに済んだのは、長幼に関わらず平等に育ててくれた親の気遣いのおかげもあるのだろう。それは言葉で言うほど簡単なことでない。

いずれにせよ、家族とひとくちに言っても、父、母、子、さまざまな立場があり、そこで求められる役割や関わり方もそれぞれである。父の自覚もあれば、母の自覚もある。家族のなかで自分をどのように位置づけるかもそれぞれなのだ。

そのような意味では、僕は「そうか、僕はいつかこの家を出るのだな」という漠然とした次男としての自覚と「弁え」をもって、あの家族の一員として育ったように思う。そのことが結婚の際に自分の苗字を変えるという決断に影響を与えたことはたしかだろう。

2 苗字を変えることは、「男らしくないこと」なのか？

日本の苗字は「家族の名前」

これまで述べてきたように、姓といってもそれが何を意味するのかは国や時代によって、実にさまざまである。現代の日本であれば、「家族はみんな同じ姓」が「当たり前のこと」として、制度としても、また人々の意識にも深く根付いている。結婚して同じ苗字になることと、親と子が同じ苗字であることが、「自分たちは家族なのだ」と意識させる1つの象徴となっている。

しかし、たとえば、ご近所の中国や韓国においては、女性であっても、結婚に際して夫の姓に変える慣習はない。女性もずっと自分の姓のままで生きていくのだ。その場合、生まれた子どもはまた父親の姓を引き継ぐことが多い。

このような父姓主義の場合、父親と子どもの姓は同じだが、母親と子どもの姓は異なる。

日本であれば結婚の際に「苗字が同じになったことで家族だと実感した」などと聞くこともあるが、彼らの場合は同じ苗字であるかどうかと家族の絆は、関連するものとは考えられていない。

もちろんこれらはそれぞれの国の伝統的な価値観に基づく制度であり、近年はその見直しも議論されている。韓国では「子の姓は父に従う」と定めた民法が２００８年に改正され、父の姓を原則としつつも、夫婦間に合意があれば母の姓を名乗ることができるようになった。

また中国は日本と同じく少子高齢化の加速が深刻な問題となり、２０１６年には全面的に一人っ子政策を転換させたが、それをうけて、一族の姓を絶やさないために「１人目の子どもは父親の姓、２人目の子どもは母親の姓」とするケースも増えつつあるという。しかし、いずれにせよ、これらの国では「家族みんなが同じ姓であるべき」という観念があるわけではないのだ。

一方、日本の場合、基本的に「家族はみんな同じ姓」が原則となる。２人を同じ姓にしないと結婚できない夫婦同氏制や、家族が１つの氏によって束ねられる戸籍制度を採用しているからである。このため、日本の姓は実質的に「ファミリーネーム」であるといわれる。つまり、家族の名前ということである。そのため、とくに日本人にとって姓は、夫婦の絆や親子の絆、そしてその家族の一員であるという帰属意識と強く結びつけられて意識されているようだ。

「苗字を変える男たち」は当たり前だった？

このように日本人にとって、姓は家族の結びつきと強固に関連づけられてきた。しかし、姓が同じことを家族の条件とするなら、2人の人間が家族になるには、どちらか一方が自分のもともとの家族の名前である苗字を捨てなくてはいけない。

では、どちらが自分の姓を捨てるのか。それは圧倒的に妻の側である。現在でも、結婚するカップルの96％が妻の姓を捨てるという選択をしている。圧倒的な数字だ。では、この国では、「女が苗字を捨てる」のがずっと「当たり前」だったのだろうか？

いや、実際は、そんなに当たり前の話でもなかったようだ。そもそも、「お父さんはサラリーマン、お母さんは専業主婦」という都市部の新中間層の家族像が日本社会のスタンダードになるのは高度経済成長期の頃である。それまでこの国では、前の世代から受け継いだ田畑や商店を親や家族と一緒に切り盛りしながら生計を立てる人々が中間層だった。

商家が優秀な番頭を娘の婿とする慣習はよく知られているが、これは彼らにとって家を継ぐことは伝統や家名の存続というより、きわめて差し迫ったリアルな経営的問題だったためである。これは田畑を受け継ぐ農家も同じである。そのため長男だけでなく、より才覚を認められた次男・三男、そして苗字を変えて家の外からやってきた養子や娘婿が家を継ぐことも珍しいことではなかった。つまり、先述の僕の曾祖父たちがそうであったように、土地や家業を受け継いでいくことがなにより重要であった時代には、「苗字を変える男」は例外でもなんでもなく、当たり前に存在したのである。

いつから苗字を変えるのは「男らしくないこと」になったのか

しかし、家族内における男尊女卑の序列を制度化した明治民法の「家」制度の思想は、皮肉にもそれが法的に廃止された戦後になって、より広範に普及することになる。それを可能にしたのは、(いわゆるサラリーマンや公務員のような)受け継ぐべき家業を持たない都市部の新中間層の増大であった。

明治民法で示された日本の新しい家族像は、必ずしも当時の人々の生活に則したものではなかった。それが工業化や経済の近代化に伴って、徐々に都市中間層において職住分離の「夫は外に勤めに行き、妻は専業主婦」という新しい家族モデルが普及することで、全国に浸透していくことになったのである。

家長のもと、家族ぐるみで営む農家や商家などの自営業ではなく、多くの人が会社や工場に勤めに行くようになる時代がやってきたということであるが、これは生活の糧を家からではなく、勤め先から得て生きるようになるということである。

つまり、生きていくために必ずしも家を継ぐ必要がなくなったのである。これは親の家からの自立を意味する。しかし、こうして代々続く家から「自立」した家族内にも異変が起こる。たとえば、家族社会学者の筒井淳也はこう述べている。

「経済の近代化に伴う『家からの個人の離脱』は、離脱した先の家族生活において、性別分業や男性支配（男性依存）を伴ったものだった」（筒井淳也『結婚と家族のこれから 共働き社会の限界』光文社）

経済的に「家を継ぐこと」が必須でなくなった代わりに、家族内における唯一の稼ぎ手となった男性の地位は、いっそう強固なものとなったのである。そして結婚においても、親の家を受け継ぐことより「男の苗字を残す」ことが重視されるようになっていったようだ。

現在、婚姻届を提出するカップルは年間50万組を超える。そして、そのうち96%が夫の姓を選ぶ。カップルの数だけ事情や思いがあるとはいえ、その選択の際に問題とされるのは、実のところ「誰が家を継ぐのか」ではなかったのだ。つまり、そこで何よりも重視されるのは、「男の苗字を変えない」という男性のアイデンティティの同一性の保持だったのである。

ああ、まったく、そういうことだったのだ。ここに僕の最大の思い違いがあったのだ。「どうせ家を継ぐわけじゃないし」とタカをくくっていた、大阪の迂闊《うかつ》な次男坊の僕は完全に勘違いをしていた。むしろ僕は、逆に古風な家制度的な価値観に縛られていたのかもしれない。「誰が苗字を変えるべきか?」という問題を、僕は「誰が家を継ぐのか?」という問題だと考えていた。しかし、僕が「え、あなたが苗字を変えるの?」と怪訝《けげん》な顔をされる理由は、実際にはそれが「家を継ぐかどうか」の問題ではなく、「男らしさ」の問題だったからだ。

「せっかく男なのに？」

そんな正直なため息も聞いた。「もったいない」という失望にも似たため息である。「男らしさ」「女らしさ」とは、性別によって周囲から期待される役割や生き方の選択でもある。そうであるならば、結婚で苗字を変えた僕は、どうやら男としての周囲の期待を裏切り、とても「男らしくないこと」をしてしまったようだ。

3 女たちに受け継がれる「あきらめの鎖」

「僕が苗字を変えます」——違和感を示したのは「女たち」だった

結婚に際して妻の姓を選ぶ。このことに関しては、僕も親族の戸惑いを予想していなかったわけではない。正直に言えば、この改姓は、その戸惑いも含んでの僕のチャレンジであった。

とくに父の説得には時間をかけて、そして家を継ぐ兄へ相談……などと考えていたつもりだったが、現実には予想外のことが起こる。家を継ぐ「男たち」への説得ばかりを考えていた僕の改姓に、より強い違和感を示したのは、母をはじめ、それぞれに息子を持ち、そしてかつて自分たちも結婚で苗字を変えた「女たち」であったのだ。

彼女たちが訴えたのは、意外なことに「家」の問題ではなかった。それは、「母と息子の精神的なつながり」についてだったのだ。親の心、子知らずとは言うが、たしかにこの点について、僕はほとんど気がついていなかった。息子だけはずっと私と同じ苗字、同じ家の人間でいてくれると思っていたのに……。そんな母親としての寂しさだったのだ。

少し話は変わるが、日本は印鑑がないと自分自身を証明できないふしぎな国だ。いわゆる「ハンコ文化」は、行政改革だなんだと大臣が旗を振っても頑としてなくならない奇妙な慣習であるが、結局、いまでもこの国では、自分の名前が刻まれたこの小さな道具がないと、ビジネスも役所の手続きも何も立ち行かない。

そうはいっても生まれ落ちて、おぎゃあと泣いた瞬間から印鑑を持つわけではない。初めて印鑑が必要になるのは、自分の銀行口座を作るようになる頃や、親元を離れて一人暮らしを始める時だろう。その際、親に初めての印鑑を作ってもらった思い出のある人も多いだろう。不思議の国ならではの、大人へのステップの1つなのかもしれない。

その時、男の子は苗字の印鑑を贈られるが、女の子だと「下の名前」の印鑑を贈られたという人が存外に多い。なかには、中学校の卒業記念品として配られた印鑑が、男子は苗字、女子は「下の名前」だったという話も聞く。なぜ、女の子は「下の名前」の印鑑なのか。これはもちろん、「女の子は結婚で苗字が変わるから」である。

その印鑑を、自動車の売買や生命保険の加入、不動産の売買契約などの際に押印を求められる実印として使用するのであれば、贈られた印鑑が苗字を刻んだものであった場合、結婚改姓する際には印鑑を作り直し、自治体への登録自体をやり直す必要も発生する。たしかに手間もかかるが、いわゆる「三文判」ならまだしも、自分の成長を祝って親が贈ってくれた印鑑であった場合は思い入れもあるだろう。

わが子に初めての印鑑を作ってあげよう、息子なら苗字の印鑑を、そして娘には「下の名前」の印鑑を。これはもちろん「不便が少ないように」「せっかくの印鑑を長く使えるように」という親心である。しかし、同時に「娘はいつか苗字が変わるから」という、この国の親たちのやるせない心づもりを表すものだったともいえる。

「女三界に家なし」という寄る辺なさ

たとえば、「女三界《さんがい》に家なし」という古いことわざがある。さすがにこんな言葉を聞く機会も減ったが、儒教的な価値観のもとでは、女性は幼い時は親に従い、結婚しては夫に従い、老いては子に従うようにと説かれる。そのような女性の一生のなかでは、安住の場所は存在しないという、この国で暮らした先人たちのため息のような言葉である。

本章で僕は「いつかこの家を出なくてはいけない」と自覚しながら育つことを、次男の「弁え」などと言ったが、これはあくまで息子たちの場合である。では、娘たちはどのような自覚を持つのだろうか。

長男ではない息子たちは生まれ育った家を出て、いつか自分の苗字を冠した家族をつくる。それが日本の近代家族の、とくに戦後以降の典型といえよう。しかし、女性にとっては自分が生まれ育った家を出たところで、その先にも「自分の家」は存在しないのだ。

家の名前である苗字を変えながら生きていく彼女が生涯のなかで帰属する家は、「父の家」「夫の家」、そして「息子の家」である。つまり、どれも自分以外の誰かが「主」であり、自分以外の誰かが「長」である家なのである。そんな娘たちの自覚――「私の家は、いまも、これから先にも、どこにもない」――を端的に表した言葉が、「女三界に家なし」だったのではないだろうか。

「ずっと同じ苗字でいてくれる」息子への母の思い

つまり、この国の母親たちにとって、彼女たちの「女三界に家なし」という寄る辺のない人生のなかで生涯を通じてずっと変わらずに同じ苗字でいてくれる人間は、息子だけということになるのだ。息子が改姓するということは、それを「奪われる」という側面があるのだ。

たしかに選択的夫婦別姓をめぐる運動に対して寄せられる反論にも、苗字が同じであることとの家族としての一体感や絆を軽視すべきではないという意見は多い。家族の絆、親子の絆が人間にとって重要なものといえど、目に見えるものではない。だからこそ同じ苗字であることが目に見える絆の証《あかし》として、余計に大切なものとして意識されているのかもしれない。

「この子はずっと私と同じ苗字でいてくれる」

それも、「男の子」だからこそ期待される、ある種の「男らしさ」だったのだ。

しかし、96%のカップルが夫の姓で結婚するこの国で、自分の苗字を変えようとしている親不孝な僕には、どうしても気になることが1つだけあった。

「じゃあ、娘が苗字を変えるのは?」

答えはみな同じだった。

「女の子はそういうものだと最初からあきらめもついているから」

女たちの「あきらめの鎖」をここで断ち切らなければならない

僕の改姓に困惑した「女たち」自身も、そして彼女たちの親の世代の「女たち」も、「女の子だから」という理由でさまざまなことをあきらめてきた。そしてわれわれはいま、また次の世代の娘たちを「あなたは女の子なのだから、仕方ない」と諭し、何世代も受け継いできたあきらめの鎖を、若い彼女たちの首にかけようとしている。

この国では、姓は家の名前であり、家族の絆を象徴するものであるという。そうであるならば、「この子はいつか苗字が変わるから」という心づもりで育てられる娘たちはどうなるのか。あらかじめ彼女と家族の絆は、断ち切られることを予定されたものであったということなのか。

自然な出生時の男女比率は女子100人につき、およそ男子105人とされている。しかし、1970年代以降、世界的にこの比率が歪《ゆが》みつつある。たとえば中国における一人っ子政策によって出生比率に歪みが生じ、自然な平衡値から計算すると数千万人規模での「男あまり」が発生していることはよく知られている。「1人しか産めないのならば、男の子を」。人々がそう判断した結果であろうことは明白である。しかし、このような出生性比率の歪みは中国だけではない。

国連人口基金（UNFPA）は「世界人口白書2020」において、とくに男児選好の強いアジアを中心に、出生前後に「消失」した女児が累計で1億4000万人に達すると推計している。もちろんそれは、その子どもが女の子だからという理由で行われる堕胎や育児放棄の結果である。

アジアの一端であるわが国でも、２０１８年に東京医科大学が女子受験者を一律に減点していたことが発覚し、大きな問題になったことは記憶に新しい。たくさんの受験生が「女として生まれた」ということを理由に夢を絶たれていたことが明らかになったのである。

しかし、そのあからさまな不公平に対して憤る声とともに、「でも、お医者さんはハードワークだから」「女の人は出産と育児があるから」――そんなふうに「女の子だから、仕方ない」という、あきらめの声が多く聞かれたのも事実である。

僕ら２人が結婚の話をし始めた頃、のちに妻となる彼女に、ある写真を見せてもらったことがある。「うちは３人とも女だから、私が結婚したらうちの苗字はなくなっちゃうんだよね」。そんな話をしながら見せてくれたのは、いちばん下の妹の成人に合わせて撮ったという三姉妹の写真だった。

春が終わる頃の昼下がり。華やかな振袖姿の三姉妹が笑顔で並んでいる。まるで谷崎潤一郎の『細雪《ささめゆき》』のようだと思った。と同時に僕は、「この三姉妹は祝福されていなくてはならない」そう強く感じたのを覚えている。

それは、彼女たちが三姉妹として生まれてきたことのために、何かをあきらめなくてはならないようなことを、ただの1つとして許すわけにはいかないという、怒りにも似た衝動だった。何か深い考えがあったわけではない。かっと頭に血が上った。「仕方ない」なんて口が裂けても言いたくない。ただそれだけである。

その後にさまざまな面倒を引き起こすことになる「妻の姓を選ぶ」という僕の思いつきは、この衝動に導かれたものだった。だからこそ、4%の側でこの社会を生きていくという面倒は誰かのための戦いではなく、僕自身の戦いなのである。

第4章

「僕が苗字を変えました！」——男たちが変わるために必要なこと

1 苗字を変えることは「男の沽券」に関わること？

夫が苗字を変えると、どんな目にあうのか？

「おとこのこけん」……思うところがあって、そんな言葉を愛用のiPhoneのメモ帳に入力しようとした。しかし、表示された変換候補は「男の子権」「男の子県」「男の子拳」「オトコノコケン」などなど、珍妙な言葉ばかり。結局、彼（彼女？）が一生懸命考えて提案してくれた13件の変換候補のなかには、ついに僕の目当ての言葉は見当たらなかった。無理のないことかもしれない。僕だって人生でこの言葉を使ったのはいつだったか、とんと思い出せない。もうすっかり死語になってしまったのだろうか。

もちろん、正解は「男の沽券《こけん》」である。

「沽券」とは、もともと土地や屋敷など不動産の売り渡し証文を意味するものであったらしい。それが転じて、人の値打ちやプライドを意味するようになり、ひと昔前まではよく「そんなことをされたら男の沽券に関わる」などと使われたものだ。

この言葉の面白いところは、いつもだいたい「男の沽券に関わる」までがワンセットであり、実質的に「男の沽券」に危機が迫った時が、そのフレーズの出番であったことだろう。「それでは困る」と異議を申し立てる際に用いられる言葉であったのだ。たしかに、この世には傷がついたり、失《な》くしたりしてしまうまで、その存在に気がつかないものも多い。少なくとも僕にとって「男の沽券」はそういうものだったようだ。

僕は結婚に際して、夫ではなく妻の姓を選んだ「わずか4％」の人間である。しかし、その4％の人々も含めて、自分が苗字を変えるなんて、いままで考えたこともなかったという男性がほとんどではないだろうか。

かくいう僕もそうであった。いつか結婚することがあるのだろうかと、思いをめぐらすことはあったのだが、正直なところ、その際に自分が苗字を変えるなどとは思いもしなかった。たとえば女の子であれば、子どもの頃にクラスに好きな男子ができたら、その男子の苗字に自分の名前をあてはめてみた……というのは、定番の「あるある」エピソードであるらしい。しかし、そんな妄想の思い出を持っている男性は、どれくらいいるだろうか？

実際、僕の妻は結婚の報告をするたびに、友人や知人に「それで、なんていう苗字になるの？」と尋ねられたという。もちろん、結婚をするなら彼女が改姓するのだろうという前提の質問である。

しかし、僕は誰からもそんなふうに尋ねられたことはない。僕が自分から「それで、実は僕が苗字を変えるんです」と話を切りだすまでは、まさか妻ではなく僕が苗字を変えるなんて誰も思っていなかったようだ。この国の男性が結婚に際して改姓するということは、それくらい「想定外」の事態なのである。自分にとっても、そして周囲の人々にとっても。

とはいえ、この「想定外」がこの社会においてどのような意味を持つのか、身をもって確かめることができるのは、社会学者である僕にとって身震いがするほど貴重な経験である。いったい僕はどんな目にあうのだろうか。誰がどんな顔をして、どんなことを言うのか。これから起こることをすべて残らず体験し、記憶しないと「もったいない」。かなりよこしまなモチベーションであるが、こうと決めた以上はなんとしてでも元を取ってやる。自分が苗字を変えるのだと腹を決めたあとは、そんな気持ちだった。

そして、そんな僕の挑戦が始まってみると、かなり早い段階から気づくことがあった。それが、それまで僕が意識したこともなかった「男の沽券」をめぐるものだったのである。

婚姻届を出す時から、はれものあつかい⁉

「なるほど。これは象徴的だ」

そう感心したのは、結婚生活の最初の出来事であった。区役所の窓口で婚姻届を提出した、まさにその瞬間のことだった。

僕らが婚姻届を提出したのは、2019年の8月31日だった。夏休みの最後の日である。僕はとにかく記憶力に自信がない。どうせ記念日になるなら忘れない日がいいだろうということで、あらかじめ話し合ってこの日に決めたのだ。

ただ、その年の8月31日は土曜日にあたってしまったので、あらかじめ記入した婚姻届を手に訪れた区役所も一般業務は休みであった。閉じられているメインの玄関のわきに設けられた小さな窓口のようなところをのぞき込むと、年配の男性と20代後半くらいの男性が顔を見せた。彼らが当番なのだろう。婚姻届を提出すると、２人の男性職員は慣れた様子で書類の必要事項に間違いがないか確認し、無事に婚姻届は受理された。これで僕らは法的に夫婦となったのである。

「おめでとうございます」

役所でそのような言葉をかけられたのは初めてだった。僕らの結婚を最初に祝ってくれたのは彼らである。

そして、若手の男性職員がパンフレットのようなものを示しながら、結婚改姓に伴う各種手続きの説明を始めた。印刷された文面をただ読み上げるだけでなく、自分で分かりやすい言葉を足しながらスムーズに解説する様子からは、彼が優秀な職員であることが見て取れる。隣にいるちょっと呑気《のんき》な年配の男性職員よりもずっと頼りになりそうだ。いまどきの若者は丁寧だし、職場での信頼も厚い若手なのだろう。

しかし、惜しいかな。彼は僕ではなく、妻に向かって苗字を変えるための説明を始めてしまっていたのである。

「……いや、僕が苗字を変えました」

このあと幾度となく口にすることになるこの言葉を僕が初めて口にしたのは、僕らが結婚をした、まさにその瞬間だったのである。

「あっ……！　これは失礼しました！」

受理したばかりの書類を慌てて確認して、男性が謝る。彼の「やってしまった」という表情を見た時の印象はいまでも忘れられない。まるでうっかり他人のはれものにさわってしまった時のような顔だった。事故といえば事故なのだが、なんだか逆にこちらが申し訳なくなってしまうような、妙な気まずさをよく覚えている。

その後、このような経験を数えきれないほど繰り返しながら、この社会で夫が妻の姓を選ぶことの意味がようやく僕にも分かってきた。

たとえば、妻が友人たちに結婚の報告をする際に「夫が苗字を変えるから、私の苗字は変わらないんだよ」と報告すると、たいていの人々は「それは良かった」と祝ってくれたという。しかし、僕が「いや、僕が苗字を変えまして」という報告をした時は、やはりなかなかそのようにはいかない。「お、迂闊にふれてはいけない話題が出てきたぞ」という「はれものにさわるような」顔か、もう一歩「優しい人」は、僕を見て「かわいそうに」という顔をするのである。

2

結婚で人生が変わるのは女だけ？

「女は添えもの」「弁えている女」という美徳

そもそも、人名はその人の帰属や身分などの政治性や権力性と密接に関係するものである。たとえば歴史学者の坂田聡《さとし》は、武家や貴族だけでなく村社会レベルでも厳しい身分秩序が存在する不平等な身分制社会であった前近代の日本の歴史において、「人名は烏帽子や服装と同じく、こうした身分秩序を人々に実感させ、それを受け入れさせる上で重要な役割をはたした」と述べている（坂田聡『苗字と名前の歴史』吉川弘文館）。

さらに室町時代以降、家制度の確立とともに家長である男性のみが家を代表するようになるにつれ、女性は公の場から排除されることになった。彼女たちは家長たる男性の付属物として表象され、公の場では自らの名前すら名乗れない、または記録されないケースが増えるようになっていった。これは公的領域に男性を、私的領域に女性を配分し、「それによって男と女の社会的・文化的な性差を人為的に創出・固定化する装置＝ジェンダーそのもの」であり、「人名はジェンダーにもとづいた差別を表象する機能を有していた」という。

「刺身のつま」という慣用句がある。さすがに「女は三歩下がって」などという言葉は昨今聞かれなくなったが、公的な場面においては、女性は男性の「添えもの（つま）」としてふるまうべきというジェンダー規範は、いまでも社会のさまざまな場面で日常的に目にするものである。

たとえば、東京オリンピック（五輪）・パラリンピック大会組織委員会の会長だった森喜《よし》朗《ろう》元首相が、「女性がたくさん入っている理事会の会議は時間がかかる」などと発言し、開催を半年後に控えた２０２１年２月に辞任することになった失言騒動などは典型的な例だろう。

差別的な発言が国際的にも問題とされたこの騒動であるが、とくに印象的だったことは問題となった発言そのものよりも、「女性を蔑視する意図はなかった」「私は女性をたたえてきた」という彼の釈明かもしれない。問題とされた彼の発言は、そもそも女性理事の割合を40％まで増やすという日本オリンピック委員会（ＪＯＣ）の目標にかんするものであった。

これについて「女性の多い会議は長引く」「女性を増やしていく場合は、発言の時間をある程度規制をしておかないと」など、女性の理事を増やす目標について消極的ともとれる自説を展開したあとに、「組織委にも女性はいるが、みんなわきまえておられる」と発言したものである。つまり彼の発言は、組織委の女性たちに対するフォローのつもりだったのだ。彼は女性を「たたえてきた」というのだが、「添えもの」としての分《ぶ》を「弁えている」ことが賞賛に値する女性の美徳とされてきた、この社会の変わらないあり方を雄弁に物語っているといえよう。

結婚改姓は、もう1つの「ガラスの天井」だ

そしてやはりいまだにこの国では、女の子はいつか自分の苗字が好きな人の苗字に変わるのだろうかと考えながら育ち、男の子は自分の苗字が変わることなんて思いもしないまま「のびのび」育つ。そして実際に96%のカップルが結婚の際に夫の苗字を選択する。この圧倒的な数字はつまり「女は男の添えものである」という価値観が、若い世代の間にも根強く生きていることの証左にほかならない。

「ガラスの天井」という言葉がある。これは女性のライフコースにおいて、当初は順調に進

んでいたキャリアが管理職への昇格など、ある一定のところで急に頭打ちになってしまう状況をいうものである。もちろんその背景には、職場において女性が「添えもの」以上の存在になることを許さない男性中心の組織文化がある。

そのような意味では、女性の人生のなかで結婚の際に立ちはだかる96％という「夫氏婚」の壁も、ある意味でガラスの天井といえるかもしれない。これまで21世紀の「優しい彼氏」だった男たちが、「いざ結婚！」という段にきていきなり、昭和から変わらぬ「男の沽券」を発揮した結果なのだから。

だからこそ結婚で妻の苗字に改姓した僕は、ある人々からははれもののように扱われ、またある人々からは同情されるのだろう。僕はどうやら、「せっかく男に生まれたのに」自分の苗字を奪われ、「女の添えもの」にされた人間ということのようだ。妻氏婚はやはり「男の沽券に関わる」問題だったのである。

女の人生は結婚で変わる。では男は……？

では、この国の男たちにとって結婚とは何なのだろうか。

1960年代の京都を舞台に、在日コリアンの女の子と日本人の男子高校生の恋を描いた映画『パッチギ！』（井筒和幸監督、2005年）に有名なシーンがある。夜の鴨川《かもがわ》をずぶ濡《ぬ》れで渡ってきた主人公の男子高校生が、民族やルーツの違いなんか僕たちには関係ない、とばかりに思いを告白する。照れくさくなるほどドラマチックなシーンである。しかし、女の子はこう問い返す。

「私とあなたが付き合って、もし結婚することになったら、あなたは朝鮮人になれる？」

さきほどまで、あれほどまっすぐに愛を訴えていた主人公は一転して答えに窮してしまう。彼にとって民族の異なる女の子と恋愛をし、そして結婚をするということは、彼女を自分の側に「変えてあげる」ことであり、彼女の側へと「自分が変わる」未来など、その瞬間まで考えたこともなかったのだ。

「婚活」という言葉を流行させた家族社会学者・山田昌弘は、「結婚とは、男性にとっては通過点であり、女性にとっては生まれ変わりである」と述べている（山田昌弘『結婚不要社会』朝日新聞出版）。

たとえば、自分よりも社会的地位の高い配偶者と結婚することで人生の軌道を変える女性の上昇婚は「玉の輿《こし》」といわれ、女性にとって理想的な結婚のあり方の1つだろう。しかし、その一方で出産や育児のために昇進や昇格が困難となる「マミートラック」の問題など、女性が自分自身で積み上げてきたキャリアは、結婚や出産・育児によって中断されてしまう場合が多い。つまり結婚は、女性にとってそれまでの人生が大きく変わってしまうイベントなのである。

しかし、多くの男性は、結婚が自分の人生を大きく変えるものとは考えていない。「トロフィーワイフ」という言葉があるように、男性にとって結婚とは人生が（ひとまずのところ）成功している「ご褒美」としてもたらされるものと考えられているからだ。たとえば女性の憧れである玉の輿に対して、男性の上昇婚は「逆玉」と呼ばれるが、これは何が「逆」なのだろうか。それはもちろん、男性の結婚を通した上昇移動は、結婚の本来のあり方と「逆」の行為であると考えられているからである。

さきほど、「結婚して自分の苗字を好きな人の苗字に変える」妄想をする男の子がどれほどいるかという話をしたが、こちらは、「結婚を機に自分のキャリアをあきらめる」という可能性を考える男性がどれほどいるかという問題といえるだろう。

家を継ぐことがかつてほど重要でなくなってから、結婚改姓においては男性のアイデンティティの同一性の保持が第一に考えられるようになったことは前章で述べたが、これは結婚とキャリアの問題においても同じである。とにかく名前も仕事も、「男は変わらない」ということがなによりも大事なこととされているのだ。男性が苗字を変える妻氏婚が「男の沽券に関わる」ものであるのは、これに反して、妻のために「男が変わる」からなのだろう。

こんなふうに、これまでこの国の男たちは恋愛や結婚で自分の人生やアイデンティティが変わることなど考えず、ただひたすらにまっすぐ自分の人生を生きてきたのである。あの、ずぶ濡れで鴨川を渡る男子高校生のように。

3 「男稼ぎ」ボーナスタイムの終焉

現在も残る「昭和の男」たち

頑固で古い価値観のことを「昭和的」などと言い慣わすようになってずいぶん経つ。

社会学者・上野千鶴子は、ちょうどその昭和が終わった平成元年に発表した著作『スカートの下の劇場 ひとはどうしてパンティにこだわるのか』（河出書房新社）で、母や妻など女性が男性のパンツを洗う日本の家庭習慣が、「穢《けが》れ」を女性に押し付ける面があることを論じた。その一方で、これを通して男性の性にまつわること、そしてプライベートな領域を女性が把握・管理する構造を持つことを指摘している。

外では職場を取り仕切り、厳しく部下を叱る夫も、家に帰れば自分のパンツのありかさえ分からない。公的な場では女性が「男性の添えもの」としての役割を求められる一方、家庭内や私的な場面では女性が男性を「尻に敷く」という、典型的な昭和の家族像である。「自分のパンツを妻に洗わせる夫」と「自分のパンツのありかも分からない夫」が表裏一体であったように、昭和の「男の沽券」と妻への依存は背中合わせだったともいえる。

それから30年。昭和どころか、平成も終わって令和の世である。男が自分のパンツを自分で洗い、そして妻のパンツも洗う。そんなことはもはや珍しい光景でもなんでもなくなった。いまや「自分のパンツのありかさえ分からない夫」など、ごく希少種だろう。では、この国の結婚のあり方はすっかり変わってしまったのだろうか。いや、しかし、それでも96%のカップルは結婚に際して夫の姓を選ぶという事実が、厳然とわれわれの前に立ちはだかる。いったい、この国の男たちの何が変わり、何が変わっていないのだろうか。

「稼ぎ主」としての責任と、空回りする「男の沽券」

子ども、老人、そして専業主婦。誰かが誰かを「養う」という経済的扶養を伴うことは、家族という共同体の特徴の1つだろう。なかでも「一家の大黒柱」という日本的な父親像は、「稼ぐこと」はとくに男性（夫）の役割という稼得《かとく》責任をめぐる規範意識を示すものである。わが国においてもさまざまな領域において性別役割分業意識が揺らぎつつあるとはいえ、「稼いで家族を養うのは男の責任」という意識はとくに根強く、この点については他の先進諸国に比しても、この国の男たちはとくに頑固であるようだ。

もちろん現代の日本社会で「稼ぐ」ことについては、いまだに女性にとって不利な構造や状況があることはいうまでもない。しかし、教育社会学者の多賀太《ふとし》は、そのような男女の雇用稼得機会の不均衡にもかかわらず、夫だけに一家の稼得責任を担ってほしいと思っている女性は少数派であること、そして「自分（妻）もできるだけ稼ぎたい」と考えている女性の割合が反対派を圧倒的に上回っていることなどを示しながら、同時に、ほとんどの男性がいまだに「主たる稼ぎ主は男性（夫）であること」に強くこだわっている実態を論じている。

「男性たちは、女性たちから期待されている以上に、一家の稼ぎ手としての役割期待を内面化しているようである」（多賀太「男性労働に関する社会意識の持続と変容　サラリーマン的働き方の標準性をめぐって」）

なんだか男たちだけで空回りしているような気もしてがっかりしてしまうが、よくも悪くも「男の沽券」が頑張っている国なのだろう。

ただ「一家の稼ぎ手」としての責任や自負といっても、その「稼ぎ」の形がこの数十年のあいだに大きく変わってしまったことも事実である。

戦前までこの国の多くの人々は農家や商店などであり、夫だけでなく家族みんなが働き手となりながら、上の世代から受け継いできた田畑を耕し、あるいは家業を営むことで生きていた。家族生活においても、また「稼ぐ」ということにおいても、生活や人生がまるごと家に埋め込まれていたのである。

しかし、その後、工業化や都市化の進行とともに稼ぎ手が工場やオフィスに勤めに出るようになり、人々は家の外で生活の糧を得るようになった。つまり雇用労働の拡大によって、人は家から離れても生きていけるようになったのだ。これをもって個人が家から自立することが可能になったということもできる。

ここで留意すべきなのは、そこで家から自立できたのは、稼ぐ能力のある人間（とくに男性）にかぎってのことであるということだろう。だからこそ、代々受け継がれてきた家から飛び出した彼らが新しく作った家庭においては、逆に男性中心主義が強まることになってしまったのは先述の通りである。

それまで田畑の農作業や商店の経営など、子どもから高齢者まで家族ぐるみで家業を営んでいた農家や自営業では分散されていた稼得責任が、雇用労働者である男性（夫）の一手に集中することになったからだ。ここにおいて典型とされた家族の形は、勤め人の夫と専業主婦の妻という核家族であり、日本であれば戦後以降、とくに1970年代前後の高度経済成長期の時代に一般化した「男稼ぎ」家族のモデルである。

しかし、男稼ぎ型の核家族モデルが、代々継承されていく家からの自立を果たした家族の形だったといっても、これは経済状況や人口構成など、さまざまな条件がそろったごくかぎられた時代状況においてだけ可能であったものではないかと指摘されている（筒井淳也『結婚と家族のこれから 共働き社会の限界』光文社）。もちろん、それはなによりも、雇用労働者1人で家族全員が食べていくだけの「稼ぎ」を得ることが前提となっていることの「無理」が問題となるからだ。

養うべき家族の数が多すぎる場合は、家族全員を1人の雇用労働で賄うことが困難である。そのため子どもが多すぎてもいけないし、また高齢者が多すぎても成り立たない。高齢化が進んだ社会では困難が増すのはもちろん、少子化を促すことにもなる。そしてなによりも、1人の稼ぎで何人もの人間を養うことを可能にするほどの所得を生み出し続ける経済成長と、現役時代を通して途切れることのない安定した雇用が必要なのだ。

つまり、男稼ぎ型の核家族は、これらの諸要素がちょうど重なり合う、よほど幸運な「ボーナスタイム」でないと成り立たない家族の形だったのである。そして、もちろんそのボーナスタイムのさなかであったとしても、稼ぎ手であるその1人が病や怪我で働けなくなった場合、あっという間に家族全員が行き詰まってしまうものであったことはいうまでもない。

かつては日本の家族の典型であった、稼ぎ主の夫と専業主婦の妻という男稼ぎ型の核家族。これは実は、持続可能性にかなりの無理がある家族像だったようである。

ボーナスタイムはわずか30年ほどの出来事

いまにして思えば当然なのだが、このような男稼ぎ型の核家族を可能にしたボーナスタイムはそう長く続くものではなかったのだ。

工業化や都市化をもたらした近代化も次の段階に差し掛かり、グローバリゼーションや情報化に特徴づけられる脱工業化の時代に突入すると、格差の拡大とともに社会全体に広く恩恵を行き渡らせるような経済成長は鈍化し始める。そして、新しい時代の経済構造の要請により雇用は流動化し、生涯安泰な終身雇用などは多くの人にとって望むべくもないものとなった。つまり、男性たちの「稼ぎ」が以前よりもずっと不安定なものとなってしまったのである。

これは欧米では1980年代から顕著となった傾向であり、かの地ではこのような経済構造の転換が男稼ぎ型の核家族モデルを過去の遺物へと押し流してしまうことになった。そして日本においては、この「男稼ぎ」の幻想はさらに儚《はかな》いものであった。

わが国において女性が「稼ぎ」から撤退し、家庭労働に専従する専業主婦のモデルが普及し始めるのは戦後、とくに一般化するのは高度経済成長期の前後である。しかし、それも長くは続かなかった。

住居費の高騰、教育費の増大、頭打ちになる夫の給料……。「大黒柱」の稼ぎだけでは回らなくなった家計を支えるために、各家庭の妻たちがふたたび「稼ぎ」に参入することになったからだ。

その後、共働き世帯の数が専業主婦世帯を追い抜いたのは、まさにバブル崩壊の始まった1991年のこと。結局、わが国において専業主婦と男稼ぎ家族が典型でありえた時代は、高度経済成長期の前後からバブル崩壊までわずか30年ほどの、ほんの短い時間にすぎなかったのだ。

こうして、「大黒柱」がまじめに働いてさえいれば、あとはもう何の心配もなく家族を養うことができたわが国のボーナスタイムは、あっけなく終わりを迎えたのである。

4 「変わりたくない」男たちの心細さを考える

稼げない男は「合わせる顔がない」？

この国の「稼ぐ男」たちにとってのボーナスタイムが終わってから、さらに30年が過ぎた。結局この30年の間にこの国で起こったことといえば、所得の低下や雇用の流動化というのっぴきならない台所事情が、なし崩し的にわれわれを「男も女のパンツを洗う時代」へと押し流したということだった。

男たちの実感としても、どこへ向かって流されているのかも分からない奔流に揉まれながら、とにかく必死に「男の沽券」にしがみついているといったところだろう。結婚改姓の際に男たちが見せる頑固さや、空回りするほどの稼ぎ主としての自負。どうにもわれわれの往生際の悪さばかり目立つが、それもやはり、この奔流の先行きが見えないことの不安の裏返しだ。

日本の男たちが稼ぎ主であることにこだわってきたのは、結婚や家族にとっての男の存在価値はそれによってしか証明できないという、切実さによるものであった。日本の男たちのプライドは長らく、家族を養うことに直結されてきた。私生活や家庭生活を犠牲にしてでも会社に人生のすべてを捧げるこの国の男たちの生き方も、そうすることでしか彼らは自分の存在を許すことができなかったからである。そうしないと「妻に合わせる顔がない」のだ。

そして男稼ぎが不安定化する脱工業化の時代がやってくると、欧州では誰かと同居すること、そして夫婦の共稼ぎ化を進めることでそれを乗り切ろうとする動きが始まる。しかし日本の男たちは逆に性愛や結婚から撤退し始めた。近年盛んになった相談所やアプリを介した婚活市場でさえも、収入が不安定な女性はそれがゆえに結婚を望んで参入するが、収入が不安定な男性は最初から参入をあきらめてしまう場合が多いという。

男女とも上昇し続けている生涯未婚率であるが、これも当然ながら男性の方が高い。男性にすると、「稼げない自分」は結婚を望む女性に「合わせる顔がない」ということなのだ。

男たちは自分の存在価値が「稼ぎ」に連結される音を聞く

かくいう僕自身も、（われながら呑気なものだと思うが）結婚を意識した時に初めて、自分の稼ぎと自分の存在価値が、ガチャンと連結される音が耳元に重く響くのを、たしかに聞いた。自分がこの人のそばにいても許されるのだろうかと、相手にとっての自分の価値を「稼ぎ」によって測ってしまう感覚と言い換えてもいいかもしれない。

そもそも僕は「男の沽券」など微塵《みじん》も感じたことがない人間である。このような「稼ぎ」へのこだわりなど、それまで自覚していた自意識からはまったく異質なものであった。そのため、「え、なにこれ⁉」とすっかり狼狽《ろうばい》してしまったのをよく覚えている。自分のなかにこんな生々しく男くさい部分があったのかという驚きである。

それと同時に「合わせる顔がない」という恥ずかしさが湧き上がる。いたたまれない気持ちでいっぱいになる。思わず逃げ出したくなるのを、こんなことで退いてたまるかという意地だけで踏みとどまるのに必死だった。「こんなこと」とはもちろん、その時初めて自分のなかにどっしりと根を張っていることを知った「男らしさ」である。

この時代に性愛や結婚から撤退した男たちは「男らしくない」のではない。むしろ、そのうちの少なくない人々は自分のなかの「男らしさ」と心中しようとしているのかもしれない。そんなことを痛感した。不自由なんてものではない。これは生存に関わるミスマッチである。

たとえ以前ほどには女性たちが男性に大黒柱としての役割を求めなくなっているとしても、この国の男たちの耳元には昭和の時代から変わらず自分の価値と稼ぎを連結する音が響き続けている。それが彼らを追い立てる空耳なのだろう。

あの日に初めて僕の存在価値にガチャンと連結されたのが、重い荷物を満載した貨車なのか、それとも高らかに汽笛を鳴らして僕をさらに遠くへ引っ張っていく機関車なのかは、いまだに分からない。しかし、きっといまも、恋愛市場や婚活戦線で立ち尽くす若い男たちの耳元には同じ音が響いている。

新しい時代には新しい役割と自負があってしかるべきだ。男がかつてほど稼げない時代であるならば、新たな役割と自負を獲得すべきである。そのことにはまったく異論もない。しかし、それは言うに易《やす》い正論ではあっても、実際にはなかなかそんな簡単なものではないようだ。

「傷ついてもいい権利」を男たちに

社会風刺をテーマにした作品で知られるイギリスの現代美術家グレイソン・ペリーは、その著書『男らしさの終焉』（小磯洋光訳、フィルムアート社）において、現代社会になお根強く残る時代遅れのマスキュリニティ（男らしさ）がどのように人々に害をなし、そして男たち自身を追い詰めていくのかを批評する。

これまで、男たちは（女たちのようには）仲間に弱みを見せることや痛みを吐露することを許されなかったし、一貫した揺るぎなさこそが男らしさとされ、気まぐれでいることも柔軟に変わることも許されなかった。そして、これらの条件を満たさないと一人前の男とは認めてもらえなかったのだ。それは彼らにとって、とても恥ずかしいことだった。

そんな男たちの息苦しさを訴えるペリー氏は、「新しい男らしさ」のあり方へ向けたマニフェストを提示する。

「傷ついていい権利、弱くなる権利、間違える権利、直感で動く権利、わからないと言える権利、気まぐれでいい権利、柔軟でいる権利」

もちろん、これらは要求である。これまで社会が男性にヘゲモニック（覇権的）な存在であることを強いるがゆえに、彼らから奪っていた権利の要求である。そして、そんなペリー氏のマニフェストが最後に要求する権利は「これらを恥ずかしがらない権利」である。つまり、傷ついても、弱くなっても、そして自分を変えてしまっても、誰にも「合わせる顔がない」なんて思わなくていいという権利である。

奪われたままの美学と矜持を描き直す

「ボギー、あんたの時代はよかった」

沢田研二がそう言ってステージでウィスキーをあおりながら、映画『カサブランカ』のハンフリー・ボガードに歌いかけたのは1979年。僕が2歳の頃である。昭和はこの後10年も続くのだが、孤独をトレンチコートの背中に漂わせて歩き去るダンディズムのような「男の沽券」は、その頃にはもうすでに十分に時代遅れで、懐かしく思い返されるものだった。

それから現在まで、さらに40年以上が経つ。それなのに僕らは、そしてもっと若い世代でさえ、いまだに「分かった。パンツは洗う。でも苗字は君が変えるんだよね?」などと往生際も悪く頑張っている。

この国の変わりたくない男たちがいまでも抱え続けている変わることへの恐れと歪な頑固さは、懐かしんでばかりの「男の沽券」を立て直すこともなく、ただ「男らしくない」権利の数々を奪われたまま日々をやり過ごしてきたことのツケのようなものなのだろう。

たしかに、単に古いプライドを捨てろと言われても、美学や矜持《きょうじ》のない人生は虚しいし、なにより不安で心許《こころもと》ないものである。男たちの新しい道標になる美学や矜持を描き直すには、まず、僕たちはこれまで何を奪われてきたのかということから考えてみるのもいいかもしれない。

第5章

「私の名前を返してください」——選択的夫婦別姓を阻む壁

インタビュー

選択的夫婦別姓・全国陳情アクション事務局長　井田奈穂氏

1 ある女性が始めた「選択的夫婦別姓」を勝ち取る戦い

苗字を奪われる女性たちの葛藤

「私の名前を返してください」

その言葉を聞いて僕は思わず息を飲んだ。たしかにそうだ。この国では、誰かが名前を奪われなくては、誰も結婚できない。

外出もままならないコロナ禍のゴールデン・ウィーク。6畳間に本をいっぱい詰め込んだ小さな書斎に閉じ込められたまま、僕はとあるオンライン勉強会に参加していた。そしてこれは、そこで選択的夫婦別姓の法制化を望む女性の声の1つとして紹介された言葉だった。

日本では法律婚をする以上、夫か妻のどちらかが自分の苗字を手放し、もう一方の苗字を名乗ることになる。2人で新しい姓を作ることも、また夫婦別姓も、国際結婚などの例外的ケースをのぞいては認められていない。夫か妻のどちらかが、それまで生きてきた自分の名前を奪われることがなければ、2人は夫婦になることはできない。つまりこの国の制度では、2人がお互い対等な関係のままでは結婚できないのだ。

「私の名前を返してください」――それはまるで日本の婚姻制度のそんなある種の残酷さをえぐり出すような悲痛な声だった。

結婚改姓で妻の苗字を選んだ「4%の側」になってしまった僕自身の視点から、結婚をめぐる日本人の不思議な価値観を考える本書もついに後半戦となった。「僕自身の視点から」といっても、結婚改姓に伴う困難や思いは人生の数だけそれぞれである。それならば、いまふたたび問い直されている日本の結婚改姓をめぐる最前線にいる人々からヒントをもらって考えたい。

本章では、「名前を奪われる」女性たちの本音を考えてみたいと思う。取材させていただいたのは、先述のオンライン勉強会を主催した選択的夫婦別姓運動・全国陳情アクションの事務局長、井田奈穂氏である。

離婚による「親子別姓」はとんでもなく不便！

「私には、名前が3つあるんです」

井田氏はまずそう語った。生まれ育った姓。一度目の結婚で変わった姓。そして二度目の結婚で変わった姓。これが彼女の「3つの名前」である。

そんな彼女が選択的夫婦別姓の実現を目指す運動に関わることになったのは、2018年のこと。そのきっかけは再婚に伴う2回目の改姓だったという。

まず初婚は大学1年生の時。2児をもうけて、19年後に離婚した。しかし、改姓後の「井田」の名前を仕事で使っていたこともあり、離婚後も婚氏続称で井田氏自身と子ども2人は前夫の姓のままにすることにした。

しかし、その後のパートナーが手術を受ける時、病院から「家族を呼んでください」と言われてしまう。「あなたでは合意書にサインができないから」。

この時、パートナーとは事実婚の状態であったが、法律婚をしていなかったのである。それならば結婚をしようとパートナーと話し合ったのだが、そこで困ったのが姓の問題である。さすがにいまの夫に前夫の姓を名乗らせるわけにはいかない。一方で、2人の子どもも上の子はもう成人しようかという年頃だった。いまから姓を変えさせるのも酷ではないか。しかし、やはり保護者である親と子どもの姓が異なると、何か不都合があったりするのだろうか……。そう考えた井田氏は弁護士に相談することにした。

「親子別姓でも何も問題ありません。そういう方もたくさんおられます」

弁護士はこともなげにそう答えたという。そこで、2人の子どもと3人で入っていた戸籍から井田氏が抜ける筆頭者除籍という形でパートナーと結婚。井田氏は親子別姓という家族の形を選択する。

しかし、実際には親子別姓という選択は、弁護士が言うほど簡単なものではなかった。自分の身1つでの結婚改姓でも数十件にも上る膨大な手続きが必要となるのだ。そのうえ、2人の子どもと保護者の姓が別となると、子どもたちの塾や学校関連の保護者の名義などもすべて変更しなくてはいけない。

「私自身のものと子ども2人分の手続き。それはもう、ものすごい数でした。2年経ってもまだ娘の口座が凍結されたりするんです。法的な代理人が名前を変えたなら、娘さんの戸籍謄本をとってお母さんの改姓を証明してください、と。こんなことがいつまで経っても終わらない。すごいストレスです」

「当たり前」ではなかった日本の結婚制度

そのように結婚改姓に伴う3人分の手続きに翻弄され、疲弊しきっている時、井田氏はあることに気づく。井田氏の姉はカナダで国際結婚している。そして彼女は別姓結婚なのだ。そしてとくにそのことによって不便や不利益を被ったという話は聞かない……。ふと思い立ち、井田氏は別姓結婚が可能な国、不可能な国を調べてみた。

「……日本だけやんけ！」

ついに井田氏は知ってしまった。そうなのだ。これまで本書でも述べてきたように、それまで各国に残っていた夫婦同姓制度が実質的には女性に姓を変えさせるものとなっていることが世界的にも問題視され、1970年代以降、多くの国が別姓結婚も可能なように法改正を行ってきた。そして、いまや法務省の見解においても、夫婦同氏制を採用している国はわが国以外には見当たらないのだ。つまり、現在、夫婦が別姓で結婚ができないのは世界でも日本だけなのである。

結婚をするにはどちらかが苗字を変えなくてはいけない……。そんなことは当たり前だと思っていた。仕方のないことだとあきらめていた。しかし、それは世界的に見れば当たり前のことでもなんでもなかった。井田氏はこの国の結婚制度の理不尽に気づいてしまったのである。

夫婦別姓運動は今日も続く「40年戦争」

ここにきて井田氏の疑問は、怒りへと変わった。そして彼女は動き出したのである。

しかし、そうはいっても日本における夫婦別姓をめぐる運動の歴史は、「40年戦争」ともいわれるほど長い挫折の歴史でもある。

そもそも夫婦同氏制を見直す議論は、戦後の民法改正時にまで遡ることができるが、法改正に向けての議論の大きな転機となったのは、１９７０年代の国際的な男女平等の潮流である（坂本洋子「選択的夫婦別姓の実現を阻むものとは何か」）。

とくに日本が１９８５年に女性差別撤廃条約を批准して以降は、政府内においても選択的夫婦別姓をめぐる具体的な議論が行われるようになった。さらに、民間においても各地で結成された団体による集会やシンポジウム、国会議員への働きかけなど積極的な活動が行われるようになる。そして、２００１年8月に公表された政府の世論調査で選択的夫婦別姓への賛成が反対を上回ると、自民党内にも推進派、そして反対派の会が結成されるなど、その後もたびたび議論を呼ぶ政策課題となった。

そして現在にいたるまでにも、盛り上がる世論を受けて「ついに実現か」という瞬間が幾度かあったといわれるが、そのたびに反対派の分厚い壁に阻まれて立ち消えになっている。この繰り返しこそが「40年戦争」の歴史である。

ここで求められてきたのは主に「選択的夫婦別姓」である。すべてのカップルに別姓を強いるものではない。結婚する際に夫婦で同姓にするか、別姓にするか各カップルが自分たちで選べるようにする。ただ、それだけのことである。

そのため、これまでこの運動に関わってきた多くの人が「こんなに時間がかかるなんて思わなかった」と口々に言うように、井田氏自身も「私も最初は2年くらいで通るんじゃないかと思っていたんです」と言う。

世界的にはもうすでに過去のものとなっている、「結婚の際に自分たちの姓を同じにするかどうか自分たちで決める」という課題。しかし、日本においてだけは厚い壁に阻まれたまま取り残されていたのだ。

どうすれば、この厚い壁を崩すことができるのだろうか。井田氏の選んだ運動は、全国の地方議会に働きかけて選択的夫婦別姓に関する意見書を可決し、これを国会に提出する「陳情」だった。そして彼女は全国の仲間たちとともに北は北海道、南は沖縄まで何百人という地方議員を説得する活動を開始する。

2 苗字と女性のアイデンティティをめぐる戦い

名前を変えることは「社会的な死」だ

しかし、日本の地方議員における男女比率は実に9対1である。つまり、1割の女性議員の賛同を得るだけでなく、9割の男性議員を動かさなくてはどうにもならないのだ。そして彼らのほとんどは結婚改姓を経験したことがない。

「2回結婚した私には3つ名前があって、どれが本当の自分か分からないんです。私がそう話すと、議会で笑いが起きてしまう。彼らにとっては笑いごとなんですね」

意見書を可決するために説得しなくてはいけない議員のほとんどは、結婚に際して自分が苗字を変える可能性すら考えたこともない人々である。なかには、苗字を変えたくない女性がいるなんて考えたこともなかったと驚く議員も少なくないという。結婚して苗字を変えることはすべての女性にとって幸福なことであると、そのおかしさを疑ったこともないというのだ。

「名前を変えるということは社会的な死です。お金を払って労力をかけて自分を葬るようなこと」

井田氏はその苦しみをこう表現するが、地方議員の説得においては、結婚改姓にこのような負担が伴うということや、その負担の不平等について気づいてもらうことが第一のステップとなる。

たしかに改姓には負担が伴うかもしれないが、制度上は男女どちらが改姓してもいいのだから、いまのままでも十分、男女平等ではないか？　そんなふうに言う議員もいる。しかし、現実にはいまでも96％のカップルが男性の苗字を選択している。この圧倒的な偏りをどう考えるべきなのか。まずは、そんな不平等に気づいてもらうことから始めなくてはいけないのだ。

そして夫婦同姓しか許されない制度が、これから結婚をしようというカップルや個人に、どのようなトラブルや困りごとを引き起こすかを具体的に知ってもらう。そのことによって夫婦同氏制という制度によって負担や不利益を強いられている人々の存在に初めて気づき、「そういうことなら協力しましょう」と言ってくれる議員も多いという。

では、それでも理解が得られない人々にはどのような人々がいるのだろうか。意外にも、都市部だから理解されやすいともかぎらないし、逆に地方だから理解されにくいともかぎらないという。また、年代によるものともいえないとのことだ。たとえ東京23区でも議会の理解が得られないこともあるし、時には30代の若手議員に「家制度を守る立場から賛同できない」「結婚をする女の人が改姓しないのは違和感がある」と言われることもある。

いずれにせよ、最終的に立ちはだかる壁は、この日本という国の家族の形や男性と女性の関係はどうあるべきかという、ある種の「理想像」をめぐるものになるという。

「女の人に男性と同等の権利を与えたくない、そんなふうにストレートに言われることもあります」

このような選択的夫婦別姓をめぐる運動の現場から見えてくるものは、女性は男性に付き従う存在であってほしいという「理想像」にこだわる人々が、地域や世代を問わず現在でも少なくないということのようだ。

名前を奪われ、誰かのモノになる感覚

たとえば、いまこの国で生まれてくる赤ん坊の名前はどのように決められているだろうか。周囲のアドバイスを受けることもあるだろうが、最終的にその子の名前を決定するのはその子の養育に責任を持つ保護者であることが多いだろう。

たとえば、もしこの世に人間が1人しかいないのであれば、その人に名前は必要ない。そのことからも分かるように、名前というものはすぐれて社会的なものであり、自他の関係性のなかで名付けが行われるものである。選択的夫婦別姓には賛同できないという人々の理由が、夫婦同氏制という名前をめぐる制度の変更によって、彼らの理想とする家族や男女の関係性を壊しかねないという危惧であるのも、そのことをよく示しているだろう。

では別々の苗字で生きてきた2人が結婚をして、どちらかが相手の苗字に変えるというこ

とは、2人の関係性にどのような変化をもたらすものなのだろうか。井田氏は結婚改姓に伴う「体感」をこのように語る。

「結婚して苗字を変えることによって、その人の家の持ちものになったという感覚を体感した女性は多いと思います」

実際に、2002年からDV加害男性への教育プログラムを実施してきた東京の民間団体aware（アウェア）の代表・山口のり子氏は、妻が改姓したことによって男性が「彼女が自分のモノになった」という所有意識を持ち、そこから暴力を振るい始めるというケースが多いことを指摘している（「東京新聞」2015年11月30日）。

相手の苗字を自分の苗字に変えるという体験が男性側からはどのように「体感」されているのか。その1つの側面を如実に示す証言といえるだろう。

たとえば『千と千尋の神隠し』（宮崎駿《はやお》監督、2001年）においては、そのタイトルにも示されるように1人の少女につけられた2つの名前が重要なテーマとなっている。1つの名前は、彼女がこれまでの人生を生きてきた「千尋」という名前である。そしてもう1つの「千」という名前は、彼女が迷い込んだ異世界の油屋の主人・湯婆婆《ゆばあば》によってつけられたものである。

湯婆婆は、新しい働き手を得るとまず相手の名前を奪う。そして自分が新しい名前を与えることで相手を支配し、奴隷として所有する。彼女に囚われた人々は自分の名前を失い、ただ油屋のために働く存在となる。そして、そのまま自分の本来の名前を忘れてしまえば、もう自分自身の人生を取り戻すことはできない。そのことに気づいた千尋は、ままならない異世界の生活に翻弄されながらも、必死で自分の本来の名前を忘れまいとする。それが、いつか自分の人生を取り戻すための唯一の鍵だからだ。

あえて配偶者の姓で呼ぶ「侮辱」

本書をここまで読み進めていただいた読者にはもはや言わずもがなのことであると思うが、人の名前はその人の身分や立場、誰かとの関係性を示す、とても社会的なものである。そして、それはその人をどのような名前で呼ぶかという選択も同様である。友人や恋人を親しみを込めて愛称で呼ぶこともあるだろうし、それぞれが与えられた職務を遂行するオフィスでは相手を役職で呼ぶことも多い。どのような名前で相手を呼ぶのかという選択には、TPOや相手との関係性を踏まえてさまざまな意味が込められているのだ。

旧姓のまま仕事をしている僕は、何度かニヤニヤしながら新姓（妻の姓）で呼ばれたことがある。文脈的には軽い冷やかしや、からかいといったところだろうという場面だったが、どこか胸にモヤモヤするものが残ったのもたしかである。言われてみれば、あれは何の「ニヤニヤ」で、そして僕の胸に残ったのは何の「モヤモヤ」だったのだろうか。井田氏の話を聞きながら、あらためて考え込んでしまった。

僕のように通称や旧姓で活動をしている人間に対して、あえて「そうではない名前」で呼びかけるということも、やはり決して何も意味のないことではないのだろう。

では、公的な場で「あえて配偶者の姓で呼ぶ」というのはどのような意味を持つのだろうか。それを象徴する、ある騒動がイギリスの議会で起こった。2018年3月27日、イギリスの庶民院議会での出来事だ。当時外相であったボリス・ジョンソンが論敵である女性議員を、「どこかの男爵夫人だったか、なんという名前だったか。そうそう、○○夫人」と配偶者の姓で呼んだのである。その時、この発言を制したのが2009〜19年までイギリスの庶民院議長を4期務めたジョン・バーコウ議長（当時）であった。彼は議長席からボリス・ジョンソンの発言をこのように厳しく非難した。

「本人ではなく配偶者の名前で呼ぶことは不適切だ。彼女には名前があり、どこかの男爵夫人ではない。そのような物言いは不適切であり、性差別的である」

この騒動のように、通称や旧姓で活動をする女性議員を黙らせたいという時に、彼女を配偶者の姓で呼ぶという「いやがらせ」は、日本の議会でもしばしば目撃されるものであると井田氏は言う。〝主人〟のある身分のくせに一人前にものを言うな、そのようなメッセージなのであろう。

3 自由を求めて戦う女たちの歴史

「女は黙れ」という呪縛

日本語における「女ことば」を研究する言語学者・中村桃子は、江戸時代以降に広く一般に読まれるようになった女性のためのマナー本である女訓書《じょくんしょ》には数多くの種類があるが、どれも「女は話すな」と繰り返し述べていることを指摘している（中村桃子『女ことばと日本語』岩波書店）。

女訓書はもともと鎌倉時代に上流社会の人々の間で読まれ始めたものであるが、江戸時代には封建的な家制度における女性のマナーを説くものとなっていた。そのような女訓書が女性に説くふるまいの背景にはもちろん男尊女卑の序列のなかで女性を支配する思想があった。

しかし、ここで「女は話すな」という規範が女性のふるまいのマナーとされるにいたり、話さないことが女のつつしみや品であるという美徳に置き換えられるようになったのである。そして、その美徳は現代のマナー本にも「女らしさ」と結びつく形で受け継がれることになる。

つまり、この国の女性たちは、実に数百年もの間「とにかく女は話すな」と小言を言われ続けてきたのである。うるさいのはどっちだという気もするが、先述の東京五輪組織委員会における「弁える女」をめぐる〝炎上〟のことを考えても、まったく現在進行形の問題であることが分かる。

そして、これはもちろん日本だけの問題ではない。たとえば2017年からSNS上で世界的に展開されたセクシュアル・ハラスメントや性被害を告発する#MeToo運動もそうだった。これまで隠蔽されてきた女性の性被害という問題について、かつてないほど大きな反響を呼んだが、一方で声を上げた女性たちは猛烈なバッシングに晒《さら》されることになった。

ギリシア・ローマ古典学者であり、また著名なフェミニストでもあるメアリー・ビアードはその著書『舌を抜かれる女たち』（宮崎真紀訳、晶文社）のなかで、「女たちの口をつぐませることにかけては、西欧文化には何千年もの実績がある」ということを論じながら、現在においてもSNSなど公の場で声を上げると、すぐさま「女は黙れ」という罵倒を投げつけられる女性たちにこのように語り掛けている。

「相手を刺激するのは、あなたが何を言ったかではなく、単純にあなたが発言したという事実なのです」

そして、「女は黙れ」という罵倒の次には、まるで助けの手を差し伸べるような顔をして大昔から繰り返されてきた〝利口な女〟でいるためのアドバイスが、彼女たちに追い打ちをかける。「黙ってブロックしておけばいいよ」「言い返さない方がいい。それこそが相手が望んでいることだから」――これらのアドバイスがどこかで聞いた文句であるような気がするのは、思い違いではない。

江戸時代の女訓書も、ビアードが論じるギリシア・ローマ古典の世界も、そして21世紀の東京五輪組織委員会やSNSを「利口」にサバイブする知恵も、どれも同じなのである。ビアード氏の言うように、発言の内容が本質的な問題というわけではないのだ。結局、「女は話すな」ということに尽きるのである。

「一人称にてのみ物書かばや」という決意

わが国の女性解放運動の嚆矢《こうし》となった雑誌『青踏《せいとう》』。女性の政治活動が治安警察法によって禁止されているなか、1911年から5年間発行された雑誌であるが、なにより日本で初めて女性たち自身が女性問題を広く世に訴えたメディアとして広く知られている。

なかでも平塚らいてうによる創刊の辞、「元始、女性は実に太陽であった」はあまりに有名であるが、その創刊号の巻頭に掲載されたのが「山の動く日来《きた》る」から始まる与謝野晶子の詩であった。

「すべて眠りし女《おなご》、今ぞ目覚めて動くなる」「われは云《い》はまし、野に放てよ」——そのような言葉で女性たちに解放と自由への決起を呼びかける、まさに檄文《げきぶん》である。そして、そこには次のような一節がある。

一人称にてのみ物書かばや。
われは女ぞ。

一人称にてのみ物書かばや。
われは。われは。

女性が、男性によって「語られる」存在から、一人称で自ら「語る」存在となること。これはこの国においても気の遠くなるほど長い間抑圧されていた願いであった。戦場は紙の雑誌からSNSに移ったとしても、いまだそこで戦われている願いは同じである。

なぜ「自分の名前を自分で選ぶ」という、ただそれだけの権利を誰かに与えることに抵抗や違和感を持つ人がいるのか。その理由もここにあるのかもしれない。だからこそ、自分がどんな名前で呼ばれるかを自分で決める権利は、その個人が誰にも支配されない存在であることの証であり、人権の核心にあるものなのである。

全国の「地元」から国会へ

井田氏が仲間と東京都中野区議会に働きかけ、初めて意見書の可決を実現させたのが2018年12月。この「陳情を通じて地元の地方議会から国会へ意見書を送る」という方法に手ごたえを感じた井田氏らは、自分たちが学んだ議会の仕組みや議員への働きかけ方など陳情に関するノウハウを広く共有すれば、全国各地で選択的夫婦別姓制を望む人たちも動き出してくれるのではないかと考えた。

こうして「選択的夫婦別姓・全国陳情アクション」が動き始めると、またたくまにその活動は全国に拡大した。２０１５年時点では50件だった賛成意見書の件数は、２０２１年10月末時点で３０５件に達する。そのうち92件が全国陳情アクションの働きかけによるものであるという。

彼らが２０２０年２月14日から開始したクラウドファンディング・プロジェクト「#自分の名前で生きる自由」は、終了までの約２か月間で７３０万円を超える支援金を集めることになった。１０００人以上の支援者の内訳は10代から80代までと幅広いが、なかでも30代がもっとも多く、この問題に関する「結婚世代」の切実さをあらためてうかがわせる。

それぞれの理由、1つの願い

また、２０２０年10月に全国陳情アクションが早稲田大学法学部・棚村政行研究室と合同で行った「47都道府県『選択的夫婦別姓』意識調査」においては、「自分は夫婦別姓が選べるとよい。他の夫婦は同姓でも別姓でも構わない」と「自分は夫婦同姓がよい。他の夫婦は同姓でも別姓でも構わない」を合わせると、全国では70・6％が選択的夫婦別姓を支持する結果となった（「自分は夫婦同姓がよい。他の夫婦も同姓であるべきだ」は14・4％）。

もちろん男女差や年代により傾向があるとはいえ、男女とも全年齢で選択的夫婦別姓への支持が反対を大幅に上回っているのは特筆すべきことだろう。もはや選択的夫婦別姓を支持するのは「女性だから」とか「若い人だから」といえるものではなく、非常に幅広い層であるということが分かる。

そして、各地で活動する全国陳情アクションのメンバーも3割は男性であるという。さらに、苗字が異なることでさまざまな偏見に晒される別姓の事実婚カップルを親に持つ子どもたちや、自分たちの将来の結婚のあり方を考える高校生など、実に多様な人々がそれぞれの理由で各地の地方議会への働きかけを行っている。

本書でも繰り返し述べてきたように、結婚改姓に伴う困りごとや名前への思いは、性別や年代、仕事、立場によって一様ではなく、それぞれの人生の数だけさまざまである。

それがいま、選択的夫婦別姓制度の実現に向けて動き出した人々の多様な顔ぶれにも反映されているのだろう。夫婦別姓はながらくフェミニズム運動の一環として求められてきたものだが、近年の動きを見ると、もはやこの運動は女性の戦いであるとひとくくりにできるものではなくなっている。

まさにいま、さまざまな人々によってそれぞれの理由から求められている夫婦別姓という選択肢であるが、そこでただ1つ訴えられている願いとは、つまり、誰かの添えものではない自分の人生を生きたいという切実な願いということなのだろう。

第6章

「家族の自立」の実現と、「自由でエグい」時代の歩き方

インタビュー

サイボウズ株式会社　代表取締役社長
青野慶久氏

1 目指すは「家族の自立」――そのためにいまできること

結婚改姓問題に男性から一石を投じた

結婚の際に夫の姓ではなく妻の姓を選んだ僕の視点から、結婚や家族をめぐる日本人の価値観を考えてきた本書。そのヒントをもらうための2つ目のインタビューを申し込んだのは、僕と同じように結婚に際して妻の姓を選び、そして選択的夫婦別姓訴訟を戦ってきた、ソフトウェア開発会社・サイボウズ株式会社の代表取締役社長、青野慶久氏である。

婚姻前の氏を戸籍法上の氏（呼称上の氏）として称する法改正を求めて、2018年1月から展開してきた青野氏らの「ニュー選択的夫婦別姓訴訟」は、2021年6月に最高裁によって上告を棄却されてしまう。しかし、この一連の訴訟による問題提起はメディアで大きく取り上げられ、夫婦同氏制の問題や選択的夫婦別姓というテーマがあらためて広く世間の注目するところとなった。

　これを受けて自民党内でも賛成議連が立ち上がり、２０２１年の第49回衆議院選挙においても、各党がそれぞれの立場を表明する主要な争点となった。このような、これまでにない世論の盛り上がりを生み出すきっかけの１つとなった青野氏らは、この手ごたえをもって今後もさらに訴訟による問題提起の継続を検討しているという。

　これまで結婚改姓をめぐる問題は、主に女性を中心に問題提起されてきた。だからこそ今回の青野氏らの運動は、ついに始まった「男たちのムーブメント」として非常に大きな意味があったといえるだろう。これまでまるで他人事のようにそっぽを向いてやり過ごしてきた男たちへ、「もはや俺たちも知らんふりでは済まされないぞ」という男たち自身からの問題提起という側面もあるからだ。


　それはそうとして、実はなにより僕個人として気になることもある。同じく結婚で苗字を変えた先輩としての本音である。経営者であり、また自身も結婚改姓を経験した青野氏にとって、選択的夫婦別姓というテーマ、そして青野氏の提起する新しい家族と人々の向き合い方はどのような意味を持つものなのだろうか。

また、これはとても個人的なことなので、どうでもいいといえばそうなのだが、青野氏は奇遇にも僕の6歳上の実兄と同じ年、同じ月、そして同じ日に生まれた「兄貴」である。少数派として生きることは、基本的に何かにつけて心細いものである。結婚で苗字を変えた4%の男性という少数派として生きる心細さは、なにより周りに同じ境遇として手本にできるような男性が見当たらないということに尽きる。

男が苗字を変えるとどんな困りごとがあるのか、何に気をつければいいのか、どんな心構えでいればいいのか。そんなことを誰にも聞けなかったのだ。これを機会に、一歩先を行く、少しばかり「エグい」先輩の本音を聞いてみよう。苗字を変えた男の働き方と生き方を。

自由、だけど「エグい」働き方とは?

結婚改姓に伴う問題といえば、まっさきに挙げられるのが職場での不都合やキャリアへの悪影響である。そのため、この問題は、たとえば「男は仕事に生活のすべてを捧げる」とか「女は結婚・出産でキャリアを断絶せざるを得ない」など、いまのこの国の人々の働き方がどのようなものであるかを問い直すことなしに語ることはできない。
サイボウズといえば「100人いたら100通りの働き方があるはず」というコンセプトの下、新しい働き方への積極的な取り組みで知られる企業である。しかし、その取り組みは、社員それぞれの事情に合わせた無理のない働き方で離職率や採用・教育コストを抑えることにとどまるものではない。むしろ特筆すべきは、多様性をもって化学反応を起こしイノベーションを生み出すという野心的な企《たく》みとしての側面であり、ある種の過激さだろう。

「うちは、エグいですよ」

「がんばるな、ニッポン。」——サイボウズはこのフレーズで知られるCMで、コロナ禍にあえぐ日本の経営者に呼びかけて話題になった。そのサイボウズの社長である青野氏から、「うちはエグい」などという意外な言葉が飛び出したのは、ちょうど、社員の自立を重視するというサイボウズの社風について聞いている時のことだった。それにしても、いったい何が「エグい」のだろうか。

たとえば、こんな「もしも」を想像してみよう。あなたがひょんなことからサイボウズに入社したとする。あなたはまずオフィスにやってきていきなり面食らうかもしれない。この会社では社員は何時に出社してもいいし、そもそも出社するかしないかを自分で決めてもいいというのだ。

ずいぶん自由なところなんだな……そんなふうに感心していると、新入社員が入社1年目からいきなり副業を始めたと聞いて驚く。しかし、そう話してくれた隣席の同僚もまた、自分の会社を立ち上げたと楽しそうに話している。そして、あなたの新しい上司は田舎で畑を耕しているらしい。

これまで自分ががむしゃらに働いてきた世界とのギャップにいよいよ戸惑い始めるあなたに、青野社長がいじわるく微笑みかける。

「で、君は何をしたいの?」

答えに窮したあなたは、そこでようやく考え始めることになる。

自分はいったい何がしたいのだろう……。

このめまいがするほど自由な新天地は、あなたにとって楽園なのだろうか。それとも……。

これまでの会社員は「一本足打法」だった

「私は一本足打法と言っているんですよ」

これまでの日本の、いわゆる典型的なサラリーマン像の危うさを青野氏はそのように説明する。最初に就職した1つの会社の中で、1つしかない出世のルートを、一律なライバルたちと競いながら、がむしゃらに上り詰めていくこと。そしてそれだけを目標に生きていくこと。その危うさが「一本足」だというのである。

終身雇用も崩壊し、その「たった1つ」も保証されない激動の時代においては、たしかにあまりに危うい生き方である。そして先の見えない変革の時代だからこそ、「社員それぞれの引き出しの多さが武器となる」と青野氏は語る。多様性を受け入れるということにとどまらず、あえて多様性が発現するように積極的に社員を刺激する企業風土の所以《ゆえん》である。

そして、その時、必要されることこそが「自立」であるという。それは働き方、そして生き方をそれぞれが自分で決めるということである。

進学、就職、結婚。あなたの人生にもさまざまな選択の場面があっただろう。しかし、あなたは自分の人生で、どれだけのことを本当に自分で選び取ったものだと胸を張って言えるだろうか。親がそう言っていたから。周りの友達もみんなそうだったから。会社ではそれが当たり前だったから。年齢的にもそろそろ……。人生のそれぞれの決断の時、あなたはきちんと自分の気持ちと向き合ってきたと言えるだろうか。

自立とは「自分らしさ」をこの手に奪い返すこと

青野氏の言う「一本足打法」の危うさは、大勢に一律に与えられたゴールを目指すなかで、それぞれが自分と向き合う思考を奪われることでもある。つまり、青野氏の言う自立とは、奪われた自分らしさをこの手に奪い返すことを意味するのだ。そして、そうやって誰かから与えられた一律のゴールを目指すレースから離脱することに成功した個々人が次に目指すゴールは、自ずと「100人100通り」となるのである。

しかし、今度の道程はこれまでとは違って、地図も正解もない。自分で選び取った自分だけのゴールを目指すものだからだ。がむしゃらに働くことを「馬車馬のように働く」という慣用句があるが、もはや鞭《むち》で正解を教えてくれる馭者《ぎょしゃ》はいないのである。

自分で走る道を自分で選ぶ。これは口で言うほどたやすいことではない。戸惑いと葛藤のなかで悩み、考え続けながら走ることである。そして誰に押し付けられたわけでもない自分の選択の結果は、誰のせいにもできない。青野氏の言う「エグい」とは、まさに自分で自分の道を選び取ることの厳しさなのである。

しかし、自分で選び取ることの厳しさを超えた向こう側には「本当に自分が欲しかったものに手が届く、もっと楽しい世界が待っているはず」という青野氏の信念は、実は青野氏の2つ目の顔である選択的夫婦別姓運動にも共通するものである。

「選択的夫婦別姓というと、〝夫婦別姓〟のところが注目されがちなのですが、われわれはむしろ〝選択的〟という点こそが大事だと考えています。いまは結婚する時はみんな夫婦を同姓にするように強制されています。でも、これを自分たちで考えて同姓にするか別姓にするか、それを選べるようにしたいということです」

つまり選択的夫婦別姓に賛成か反対かを問うということは、裏を返せば現在の「強制的」夫婦同姓に賛成か反対かを問うということなのだ。

「夫婦別姓で共働き、これが新しい家族の形！」はバッドシナリオ？

そのうえで青野氏は、選択的夫婦別姓の運動を展開させていくにあたって気をつけなくてはいけない「バッドシナリオ」についても想定する。それは、「これからの家族は夫婦別姓で共働き。これこそ新しい家族の形だ！」というメッセージで一様に世間が染まってしまうことであるという。

これは意外だった。勝手なことに僕自身は、「夫婦別姓で共働きが新しい家族のスタンダードとなる」という未来は青野氏にとって望ましいものであるとばかり思っていたからだ。しかし青野氏にとって、それは運動の成功どころか「バッドシナリオ」であるという。

夫婦別姓という選択肢を求める人々には、さまざまな理由とそれぞれのゴールがある。青野氏の場合、目指すゴールは「夫婦同姓で専業主婦」だった家族のスタンダードを「夫婦別姓で共働き」に変えることではないのだ。彼が目指すゴールは、あくまでそれぞれの家族がそれぞれの事情に合わせて家族の形を選択できる社会であるという。

実際、1980年からの40年間でほぼ半減したとはいえ、現在でも500万以上の世帯が専業主婦世帯であることは事実である（共働き世帯はおよそ1200万世帯程度）。稼ぎ手の不安定性やリスクの高まる時代とはいえ、事実上、一家の稼ぎ手として「1馬力」で踏ん張っている（または、踏ん張らざるを得ない）男性もまだまだ多いのである。今後もし、選択的夫婦別姓の制度化や男性の育休取得の拡大など、家族のあり方やワークライフバランスをめぐる制度に新しい展開があったとしても、すべての家族の事情が同じ条件で統一される日が来ることはない。それぞれの家庭にそれぞれの事情があることは、これからも変わらないだろう。

「別姓こそ正しい家族の形」「共働きこそ正しい家族の形」――そんな社会になってしまったら、今度はその新しいスタンダードに当てはまらない家族が肩身の狭い思いをすることになってしまう。それでは本末転倒なのだと青野氏は言う。

「いま、社会全体で〈こうあるべき〉とされる家族の形を守ろうとして、一人ひとりが犠牲になっている状態だと思うんです。これを逆に考えてほしいんです。守るべきは家族の形ではなく、一人ひとりの人間。家族という仕組みも、もともとは自分たちが使うために作り出したはずなんですよね。でも、それがいつのまにか自分たちが、その仕組みを維持するために犠牲になるようになっている。無理に家族の形を1つに決めずに、100家族あったら100通りの家族の形があっていい。もっと、一人ひとりのためにこの家族という仕組みを使えるようにしようということです」

つまり、青野氏の目指しているものは、「家族とはこうあるべきだ」という家族の定義の更新ではないのだ。それが新しいものにせよ古いものにせよ、青野氏が変えたいのは家族の形というよりむしろ、一人ひとりの人間と、家族という「仕組み」との付き合い方といえるかもしれない。

それぞれが自分と自分の家族を見つめ直し、それぞれ自分たちに合った家族の形を考える……たしかに、そう言ってしまえば簡単に聞こえるかもしれない。しかし、自分で自分らしさを選び取る「自立」した働き方が決して容易なものではなかったように、これもまた、これからの時代を生きていかなくてはいけないわれわれにとって新しい試練となるのかもしれない。

ああ、ここまで往生際悪く見て見ぬふりをしてきたが、この辺が潮時だろう。こんな時代にわざわざ結婚をし、そして初めて自分で選び取った家族をつくろうという僕も、ついに腰を据えて、この「エグさ」と向き合う時が来たようだ。

2 個人の自由と選択的夫婦別姓

問題は「同姓か別姓か」ではなく「強制か選択か」

選択的夫婦別姓の是非をめぐる議論においてはいくつもの論点や文脈が交錯し、賛成派と反対派の議論がなかなか噛み合わないことが常である。40年戦争といわれるが、いうなれば40年間ずっと平行線の議論を続けてきたということである。「いつまで経っても同じ議論の繰り返しばかり」——そんな疲れ切ったため息を聞くことが多い。なぜこんなに議論が噛み合わないのだろうか？

たとえば、もし選択的夫婦別姓が制度化されたとしても、すべての夫婦が別姓であることを強いられるようになるわけではない。変わるのは「選択できるようになる」ことだけである。仕事のことや、子どものこと。そして、思い描いていた理想の家族像。それぞれの事情や信条を鑑《かんが》みて当人同士が同姓を求めるのであれば、結婚して苗字を同じくすることはもちろんこれまで通り可能である。つまり、制度が変わったとしても自分が望まぬ選択を強制されるわけではない。

では、なぜ、他者が自分とは違う選択ができるようになることを、これほど恐れる人々がいるのだろうか？　なぜ、そんなに他人の選択が気になるのか？　賛成派の人々の多くはここで首をかしげてしまう。

このような出口の見えない議論の迷宮について、事実婚の別姓夫婦への聞き取りを通して選択的夫婦別姓のテーマを論じる社会学者・阪井裕一郎は、これまでの議論のなかで提起される各種の論点や対立軸を整理したうえで、ある1つの道筋を提示している。「別姓を選択する自由」の希求は、男女平等を求めるものというよりもむしろ、その核心は「法に〈個人の自由〉を求めるもの」であるという分析である。

「真の問題は同姓か別姓かではなく強制か選択か」（阪井裕一郎『事実婚と夫婦別姓の社会学』白澤社）

現在、選択的夫婦別姓の制度化を進める人々の前に立ちふさがっている分厚い壁の正体は、実は「選択できるようになる」ことへの恐れなのかもしれない。それは家族の形が選択の余地なく強制されている現状から、さまざまな形のなかから自ら選びとらなくてはならなくなることへの不安である。

自由な時代のリスクと不安が、変化できない理由？

選択的夫婦別姓で求められているものの核にあるのは、個人の自由であるという。自由になることは「良いこと」のように思える。それに不安を感じることは不条理なことなのだろうか？

しかし、現代社会において多くの人が望む個人の自由の拡大が、同時に多くの人々が不安に晒される状況を伴うものであることは、近代文明批判の主要なテーマとして長らく議論されてきたものであり、これまでさまざまな概念を用いて分析が試みられてきた課題である。

たとえば、このような個人化における自由と不安定性の二律背反について、１９７０年代以降の社会構造の変化を再帰的近代化として捉えたドイツの社会学者ウルリッヒ・ベックは、「リスク社会」という概念を基礎にこれを分析している。端的にいうならば、個人がそれまでがんじがらめに縛られていた「しがらみ」から自由になる代わりに、丸裸で社会に放り込まれるような社会状況である。その「しがらみ」は社会と個人の間にクッションのように存在していた中間集団であり、個人の自由を制限するものである代わりに、さまざまなリスクから個人を守っていたものであった。

そして、社会学者・伊藤美登里《みどり》は、このようにこれまで個人を包摂してきた「弱体化しつつある中間集団」のなかでも重要な役割を果たしてきたものが職域、そして家族であると指摘している（伊藤美登里「社会の構造変化と家族『家族の機能』再考」）。

現代社会において、男性が常に稼ぎ手であり続けることが困難となっていることは先述の通りである。しかし、これはまた女性にとっても、男性と結婚することで一生が保障されるものではなくなったことを意味する。これまで否応なく課されていた「男らしく」「女らしく」、そして「父らしく」や「母らしく」という役割のまま生きてさえいれば、それで一生は安泰であるという性別役割分業に基づく保障が、男女ともに不確実なものになったということである。

そのような意味では、終身雇用や年金システムなど、生涯にわたる「食い扶持」が多くの人に保障されていた産業社会の特徴は、まさにその確実性であった。しかし、いま社会の各領域で進行しているものは、そのような中間集団や役割構造から人々が解き放たれ確実性を失っていく、「世界リスク社会への動乱へと解き放たれる過程」と見ることができるという（伊藤美登里『ウルリッヒ・ベックの社会理論　リスク社会を生きるということ』勁草書房）。

たしかに人々は性別役割や家族から自由になりつつある。しかし、それは次の新しい安定的な「しがらみ」にふたたび包摂されることのない解き放ちだったのである。これが、自分で自分の生き方を選ぶ時代に人々が直面するリスクと不安の構造といえるだろう。

選ばざるを得ない「エグい」時代を生きるために

固定的な居場所や役割に縛られることのない、そして守られることもない人々の生き方の個人化と、その結果としての多様化という社会の変化。これをカバーするために西欧やアメリカでは、１９７０年代から80年代にかけて選択的夫婦別姓の導入を含めて家族に関連する法制度の改正が進められてきた。

いちはやく個人化が進んだ男性に比べて、他者のための存在であることを強いられ続けていた女性にもこれは及び、いま女性たちも「自分のための存在」になろうとしている。本書のテーマに引き寄せるならば、中間集団の弱体化によって彼女たちにも個人化が訪れたということが、世界各国で進んだ選択的夫婦別姓制度化の推進力だったということなのだろう。

しかし、日本においては新しい時代における人々の生き方をカバーするための民法改正が立ち遅れている。むしろ、これを新しい公的システムでカバーするのではなく、扶養義務の強化など旧来の家族の役割を再強化しようという動きさえ見られる。その一端が選択的夫婦別姓の制度化を拒み続ける「40年戦争」なのである。

しかし、これまで夫婦同姓を主張してきた勢力でも、現在では選択的夫婦別姓の導入に反対する理由として「旧姓の通称使用の拡大で対応できる」を合言葉とするようになった。社会生活において夫婦同姓の原則を一律にすべての家族に強いることによる損失や犠牲が日を追うごとに大きくなっているという事実は、いまや立場や信条の如何《いかん》を問わず誰にとっても明らかであるということなのであろう。つまり、もはや中間集団や社会から与えられた役割構造が個々人の生涯を保障してくれるものでなくなってしまったのは、わが国においても同様なのである。

「選べるか、選べないか」ではなく、われわれはすでに個々人が自分で生き方や家族のあり方を選ばざるを得ない、自由で厳しい時代を生きている。

　誰かが決めた正解を目指すことを夫婦や家族の目標とすることが安心を提供してくれる時代は終わった。夫婦の姓をどのようにするかを通して、それぞれの夫婦が、そしてそれぞれの家族一人ひとりが自分たちで自分たちのあり方を考え、選び取ることができるようにすること。とくに、こんな「エグい」時代を生きていくという意味においては、選択的夫婦別姓運動の「選択的」とは、夫婦の、そして家族が生き抜いていくための自立を意味するものといえるかもしれない。

3 これからの結婚と新しい家族の形

「結婚しなくても幸せになれる時代」に結婚をする理由

「結婚しなくても幸せになれるこの時代に、私は、あなたと結婚したいのです」

結婚情報誌『ゼクシィ』のそんなCMコピーが話題になったのは、2017年のことだった。ひと昔前のサラリーマンの世界では未婚のままでは一人前と認められず、昇進に響くようなこともあった。もちろん、女性であれば1人で生きていくことはさらに困難であったのはいうまでもない。結婚をすることは人生において皆が当然のごとく通過すべき節目の1つであり、また、それをしないでは生きていくことも困難な「幸せな人生」の絶対の条件であったのである。しかし、それはもう過去の話である。

結婚すること、家族をつくること、子どもを持つこと。かつては「当たり前」とされてきたことの多くが人生において必須のものではなくなり、いまはそれぞれが自分はどう生きたいのかを考えたうえで、「あえて選び取ること」へと変わりつつある。

それでは、「結婚をしなくても幸せになれるこの時代」に結婚をする理由とは何なのだろうか。

2018年1月、「孤独は現代の公衆衛生上、もっとも大きな課題の1つ」という認識のもと、イギリスにおいて「孤独担当大臣」が任命された。「世界初」という触れ込みだったが、新しい時代がもたらした生きづらさに対して、「孤独を癒すのは誰か?」というこれまでの公と私の境界を踏み越えるような野心的な試みといえるだろう。

しかし、公的サービスによる「孤独戦略」にも困難はある。生活の保障などを提供していた共同体や役割構造などの「しがらみ」から人々が解放される社会では、それらのサービスは市場や政府から提供されることになる。しかし、情緒面での満足に関しては、公的サービスがそれを担うのは困難だというのである。人と人がお互いの孤独を癒す親密性とは、誰かから「特別扱い」されることだからだ(筒井淳也『親密性の社会学 縮小する家族のゆくえ』世界思想社)。

それを言い換えるなら、誰もが誰かにとって代替可能な選択肢の1つに過ぎない不確かな時代の不安のなかで、かけがえのない特別な存在として誰かに選ばれるという承認の問題ということができるだろう。

恋愛と結婚を結び付け、結婚こそ恋愛のゴールとみなすロマンティックラブ・イデオロギーは、近代家族の「あるべき姿」を定義する規範の根本であるといわれてきた。日本においては高度経済成長期に、お見合い結婚から恋愛結婚が多数派へと移り変わるなかで、これが一般化したといわれている。しかし、現在では「恋愛のゴールが結婚でなくてもかまわない」という認識が拡大し、その一方で「結婚には恋愛感情が必要」だと考えるロマンティックマリッジ・イデオロギーの台頭が指摘されている(谷本菜穂・渡邉大輔「ロマンティックラブ・イデオロギーとロマンティックマリッジ・イデオロギー 変容と誕生」)。

つまり時代が変わり、ついに恋愛は結婚と切り離されたが、いまだに結婚は、恋愛という2人の情緒的関係性と強固に結び付いているということである。

先述のウルリッヒ・ベックは、かつての機能や必要性を失って、形骸化しながらも現代社会に残存する旧時代の制度をゾンビ・カテゴリーと呼んだ(ウルリッヒ・ベック著、吉田竜司・玉本拓郎訳「ゾンビ・カテゴリー　ベック『個人化』論の射程」)。一方、イギリスの社会学者アンソニー・ギデンズは、それを「貝殻制度」と呼ぶ。中身を喪失した抜け殻のようなものという含意である。そして、その代表的なものとして結婚と家族を挙げている。しかし、ギデンズはそのうえで、結婚の根拠として、かつてよりも情緒的な結び付きが重視されるようになっていることも指摘している。つまり、結婚がこれまで以上に彼の言うところの「純粋な関係」に基づくものになっているというのである。

いまや結婚をしなくても一人前の人間であると認められるし、結婚をしなくても生きていくことができる。では、それなのになぜ人は結婚をするのか。「結婚しなくても幸せになれるこの時代」において、さまざまな意味や必要性を失い、形骸化しつつあるこの古くさい制度に残された「最後の理由」。それがいま、かつてなく純化した形で立ち上がっているということだろう。それは、お互いをかけがえのない特別な存在として選び合うという理由である。

遅すぎるかもしれない「自立」の先にあるもの

結婚をしなくても幸せになれる時代に、砂浜に落ちた貝殻を拾うように僕は結婚をした。そして男の苗字は変わらないのが「当たり前」の国で、名前を変えた。僕にとって、結婚と改姓はたしかに「あえて選び取ること」だった。青野氏の言うように、自立とは選択の自由と不確定性のなかで自分と向き合い、進む道を自分で決めることであるならば、こんな時代に僕の自立に向けた遅すぎるくらいの最初の一歩だったのかもしれない。

置かれた場所で決められたルールのなか、みんな同じゴールに向かって必死に競争をする。この国の人々は男も女もそうやって、がむしゃらに生きてきた。そんなふうに生きていくなかで、ふと足を止めて、皆が目指すゴールではなく、自分の本当に欲しかったものは何だったのだろうかと振り返る。

コロナ禍で生活が大きく変わり働き方が見直され、そして家族のあり方も見直されつつあるという。もしかしたら、この災厄はそんなことを振り返る時間をこの国の人々に与えたのかもしれない。選択的夫婦別姓をめぐる議論にかつてないほど多くの人が参入し、これからのこの国の結婚と家族のあり方について、それぞれの意見を述べ始めたのも無関係なことではないだろう。

七走一坐《しちそういちざ》。その言葉を僕に教えてくれたのは京都のとある禅寺の和尚だった。人生は、出口を探して真っ暗な洞窟を進むようなものであるという。そうであるならば、大事なことは走り回ることだけじゃない。いちど座ってみることだと和尚は言った。そうしたら、がむしゃらに走っていた時には気づかなかった風を頬に感じるかもしれない。その風はきっと、出口から吹いてくるのだろう。

「で、君は何をしたいの?」

あの問いかけにも、いまならば、胸を張って答えられるだろうか。

第7章

「妻の姓を選んだ夫たち」特別座談会

出席者プロフィール（敬称略）

中井治郎（社会学者）
青野慶久（サイボウズ株式会社　代表取締役社長）
玉置太郎（朝日新聞大阪本社　社会部記者）
本村さん（仮名、一般企業勤務）

本書では、結婚を機に自分の苗字を変えたという視点から、日本人の家族観・結婚観の変化を、僕なりの視点で読み解いてみた。ただし、妻の姓になった夫たちそれぞれに、違った物語があるはずだ。

そもそも、僕はいわゆる「苗字を変えた男あるある」を誰かと共有した経験がない。いや、苗字を変えた男性すべてが、おそらく同じ境遇なのではないか。女性ならば、同世代の女性たちと結婚の話になった時、「苗字変えて、大変だったよね」という話の1つもあるだろう。だが、そういう経験がまだ人生で1回もない僕は、もしかしたらすごく「偏って」しまっているかもしれない、そんな恐怖もある。

そこで今回は、本文でも登場いただいた青野慶久氏に加え、妻の苗字に変えた自身の経験をまとめた記事が話題となった朝日新聞記者の玉置太郎氏、そして縁あってご紹介いただいた一般企業社員の本村さん（仮名）という、3人の「妻の姓を選んだ夫たち」にお集まりいただき、座談会を行った。それぞれの出席者の「生の声」を通じて、本文とはまた違った気づきを得られたなら、幸いである。

正直、最初は「好奇心」がきっかけだった？

中井　本日はどうぞよろしくお願いいたします。

一同　よろしくお願いいたします。

中井　では早速ですが、皆様が妻の姓に変えることになったきっかけというのは、どういったものだったのか、お伺いしてもよろしいでしょうか。

振っておいてなんですが、最初に僕からお話ししますと（笑）、僕の妻が三姉妹だったんです。だから、家の名前がなくなることを、もう先方のご両親も覚悟しているような状況でした。妻は三姉妹の2人目だったのですが、苗字がなくなることが「当たり前」のような話しぶりだったのです。

で、「治郎さんが変えるのも大変だしね」と言われた時、自分のなかで変な意地が前に出てしまって。「もしかして俺が男だから、苗字を変えない前提で話してない？」みたいな感じだったんです（笑）。

これは、僕の職業が社会学者という特殊な肩書のせいもあると思います。自分が普段、

「日本社会は変わらない」とか言ってるくせに、ここで自分が名前を変えないのはアリなのか、みたいな意識が湧いてきたんですね。自分が名前を変えなかったら、日本社会が変わらない原因のようなものに対して、自分が加担することになるんだという感覚が盛り上がってきてしまいまして、「じゃあ、俺変えるよ」みたいな(笑)。その結果、かっとなった僕が1人で先走って決めてしまったところはありました。

青野　それを聞いて思いましたが、僕も近いですね。僕は20年前に結婚しまして、その時に苗字を変えて、いまにいたります。

僕も、妻から「苗字を変えて」とそんなに要求されたわけでもないんですよ。なんとなく打診をされたんですよね。彼女が大学でジェンダーの講義か何かを受けて、夫婦同氏制は海外じゃ当たり前ではないってことを知ってたんでしょうね。で、「結婚はしたいけど、名前を変えたいわけじゃない」みたいな話を彼女がして、「そうなの？」って言って、「じゃあ、俺が変えようか」って、それで(笑)。

しかも、好奇心半分みたいなところもありましたね。当時、会社も上場して、自分の名前もネットに載り始めていたので、仕事は「青野」という名前で行くつもりでした。旧姓で働いてる人は世の中にいっぱいいるし、大して困らないだろうと。なんなら、もう1個名前が使えて便利なくらいに思っていました（笑）。あんまり話し合いもしてないですね。

中井　ありがとうございます。では、玉置さんはどうでしょうか。よろしければ、自己紹介も兼ねて。

玉置　はい、よろしくお願いします。朝日新聞の大阪本社の社会部で記者をしている玉置と申します。僕は、妻の姓に変えた経験を自ら記事にしたりしまして、その縁で本日、お声がけいただきました（編注：朝日新聞デジタル「自分の名前とは思えなかった荒川太郎　選んだ『妻の姓』」2020年7月3日）。

実は、僕も中井さんに似ているかもしれません。僕は、2年前に結婚したのですが、基本的には、合理的じゃない社会規範には従いたくないという思いがずっとあったんです。だから、結婚する1年くらい前から「僕が苗字を変える」と決めていました。

でも、「俺が苗字変えようと思うんだけど」って妻に言ったら、妻が反対したんですね。「私はそんなこと考えたことない。普通でいいでしょ」「私、自分の旧姓の名前でいたいと思ったことないから」と。考えたら、これが普通の反応だと思います。いままで1回も苗字のことを正面から考えたことがなかったら、こういう反応になるよなと思いました。

その後も何度か、妻と一緒に「いまの日本では、結婚するカップルのほとんどが夫側の姓を選んでいるけど、それっておかしくないか?」みたいな話をするようになって、それで最終的には、妻も納得しました。僕としては、中井さんがおっしゃったような「不合理さ」に加担したくないという、そういう思いで決めたような状況でした。

中井　ありがとうございます。本村さんはいかがでしょうか。

本村　はい、皆さんと比べると、もっと私は一般庶民の立場になるかもしれないのですが、よろしくお願いします。私が結婚したのは2017年で、もうすぐ4年になります。思い返すと、私は正直、お互いどっちの姓でもよかったんですね。

それで少し恥ずかしい話なんですが、本当にもう強烈に妻のことが好きでして、「妻の苗字を名乗ることすら、愛情表現だ!」みたいなノリだったんです（笑）。青野さんもおっしゃってましたけど、興味本位みたいなところはあったと思います。

あと結婚当時、お互い38歳と比較的遅い結婚で、彼女もフルタイムで普通に働いていて、すでに彼女も自分の姓でキャリアを積んでいた。だったら、自分が変わろうかなと。だから私は皆さんと少し違って、もう旧姓は一切使用していません。仕事もプライベートも何から何まで全部新しい姓に変えて、いま、活動をしています。

令和社会に残る「マスオさん」問題

中井　ありがとうございます。皆さん、それぞれ結構違いますね。玉置さんは、パートナーとの話し合いに時間がかかったのかな、と思ったんですけども。

玉置　そうですね。自分たち2人で決めていくことなんだよ、と説得するプロセスというのはありました。ただ、考え出したら妻も、これはおかしいよねって気づいてくれたので、むちゃくちゃ揉めたという話ではないです。

中井　そうですよね。僕もとくに揉めた話はないのですが、周囲の反応で「あれ？」と思うことが多かったのは、いわゆる「婿入り」ですね。名前に対する云々《うんぬん》というより、「婿入りって大変だよ」「婿入りするんだったら、先方の家の役に立ちなさいよ」というアドバイスとか、「向こうの家をちゃんと引き継いで、盛り立てていくんだよ」とか、そんな話をたくさんされました。いまの民法では「婿入り」という制度はないのですが、どう答えるべきなのか悩ましくて。この「婿入り問題」について、皆さんは、どういうふうにお答えされてるのでしょうか。

玉置　僕も、会社の上司に、「結婚するんですけど、妻の苗字にしようと思います」って言ったら、食い気味に、「あ、養子縁組したんか」と言ってきて、新聞社の管理職でもやっぱりそういう思い込みがあるんだなあ、と感じました。

青野　僕、あんまり言われたことないんですよね。結構古いくせに。逆に、最近でもまだ言われるんだっていうのが、結構衝撃ですね。

中井　そうですね。必ずしも、妻の姓に変えたことに関してネガティブな反応をされるわけではないんですが、お婿さんとして応援されてしまうことが多いんですね（笑）。だから、祝福はしてくれるんだけど、「お婿さんとして頑張りなさいよ」みたいなことを言われてしまうみたいな、そういう戸惑いがあったりしましたね。

青野　妻の両親から、違う期待をかけられてるなっていうのは感じたことありますね。「お墓こっち入るの？」的な感じ。「いや、俺が入る墓くらい、自分で決めさせろ」みたいな（笑）。

中井　たしかに、うちもそうですね。うちも、妻の実家が、女の子3人だったところに、急に僕が来て苗字を変えるとか言い始めたから、家が残るという期待をさせてしまった部分があるんじゃないかなと。ただ、自分としては家を継ぐという意志や覚悟のある選択ではなかったので、申し訳なさというか、罪悪感というか、そういうのを感じることがありますね。

青野　ああ、分かる、分かります。それはすごく共感します。

玉置　僕も、結婚式の時に、妻が2人姉妹で、苗字がなくなると向こうの家は思ってたようなんです。で、私の新姓は荒川なんですが、妻の親族の高齢のご夫婦から、「荒川姓を継いでくれて、本当にありがとう」って言われたんです。

ただ、僕は本来、そういった家制度的な視点に違和感を持っていたわけで、逆に期待されたことに、ものすごい矛盾を感じましたね。

青野　「そういうのを僕はなくしたかったんです！」って言ったりして（笑）。

玉置　いえ、それはさすがに言えなかったです（笑）。

中井　たしかに、僕も実の両親に対しては強くものを言えるんですけど、義理の両親には自分の信条やポリシーをぶつけられるわけではないので、その辺が実は一番、気を遣うところだったりしますね、新しい苗字の家にどう付き合っていくか。

青野　そういえば、僕の妻も2人姉妹でした。このパターンでしょうね。もう家の名前はなくなると思っていたところに、名前を変えてくれる男性が現れた。「よし、家を継いでくれるぞ！」っていう感覚なんでしょうね。

中井　なるほど。僕、青野さん、玉置さんは、妻のきょうだいが女性しかいないから、それも関係があるのかもしれません。

本村　それで言うと、私の妻は一人っ子ですね（笑）。

中井　逆に、一人っ子だと、また違ったプレッシャーがあったりしませんでしたか。

本村　いいえ、とくに妻から「家を継いでくれ」的な話もないですし、お墓問題なども、いまのところは何もなく。考えるに、妻のお母さんがとてもフラットな方なんです。「あなたたちで好きなようにしなさい」みたいな感じで。

逆に、私が実は、5人きょうだいの長男なんですね。でも、うちの親も、「18歳になったら、好きなようにすればいい」みたいなところがあって、家のことについても、「あなたたちに別にお世話になろうと思ってない」みたいな、変わった親というか（笑）。弟3人が地元にいるという安心感もあるのかもしれないですが、とくに長男だからどうこうというところもなく、来てるような状況ですね。

「せっかく男に生まれたのに」

玉置　僕は、妻の姓に変える前に友人に相談した時に、男女両方から反対された経験があります。1人は高校の同級生で、すごく仲のいい同世代の男なんですけど、彼からは「男の側が得してることを、なんでそんなことわざわざするんだ」と言われました。

もう1人は、夫婦でともに昔からの友人の50代の女性なんですけど、なぜ反対なのかを聞いたら、「妻の姓に変えたら、女性の側が主張してると思われる。だから、あなたの妻がかわいそう」という理由でした。あんたが決めるのは勝手やけど、うちの妻がそういう人だと思われたら、しんどいよ、と。これはとくに、印象的でした。

この2人とも、事前に相談するくらいに信頼してる人たちなので、忌憚《きたん》なく言ってくれた分、一般的な考え方の本音が見えた気がしましたね。

中井　僕も、「せっかく男に生まれたのに」とか、そういう言われ方をすることもありますね。ある種の既得権益を、なぜ手放すんだ、みたいな。

あと玉置さんの、妻が無理やり押し通したと思われるという話に近いことを、僕も言われたことがあります。要するに、「尻に敷かれてるように思われてしまう問題」。これも婿養子のイメージに近くて、尻に敷かれて、肩身が狭い思いを夫の方がしてるんじゃないかという、そういうイメージに当てはめられて夫婦が見られてしまうというような戸惑いは、たしかにありますね。

その不便さは「ジワジワとやってくる」

中井 次に、妻の姓に変えて、不便だったこと、困ったことは、どんなことがあるのかなと。たとえば、改正の手続きなどはよく言われる話ですが、予想してない不都合も多かったんじゃないかなと思いますが、どうでしょうか。

青野 僕は最初、基本的には「青野」のままでいて、ごく一部の場面だけ、戸籍名を使うという生活をイメージしてたんですよね。ところが、その戸籍名がさまざまな手続きの大本になっているので、いったん戸籍名を変えると、ドミノ倒しのように、他もバタバタと変えざるを得なくなる。その理不尽さを経験したんですよね。

改姓の手続きにかかる手間って、ある瞬間だけ一気にやって、はい終わり、とかじゃないんです。運転免許やクレジットカードの更新の時期が来るたび、「これ、変えなきゃいけないじゃん」みたいな。パスポートも、そんな感じです。バタバタ、バタバタっていう感じですよね。

あとは、使い分けの問題が本当にややこしい。僕がよく言うのは、海外出張時に、ホテルを青野で予約してて、いざフロントに着いてパスポートを見せたら、「お前、青野じゃないが、どういうことだ」と言われる（笑）。「青野であることを証明しなさい」って言われて、パスポートでは証明できなかったという、そういうことも起きてきました。

中井　改姓は、どういう仕事をしているかで、困りごとの種類も変わってきますよね。僕はたとえば、いろんな大学や出版社とお付き合いしてるのですが、最近はとにかく、マイナンバーカードの提出を求められるわけです。そうすると、いわゆる仕事の名前と、マイナンバーの名前が違うということで、毎回ちょっと引っかかるんですね。

そうすると、本人確認が入るんですね、電話がかかってきたりとか、「名前が違うようですが」と。だから一応、最近は、「これは結婚する前の名前です」と書いたメモを同封したり工夫しているんですけども、「これが一生続くのか」と思う瞬間はありますね。

玉置　僕は会社員で、筆名もずっと玉置のままなので、お二方の不便さに比べると、多少はマシかもしれません。ただ、青野さんがおっしゃっていたように、カードの更新時期が来るたびに「玉置」という名前が減っていくんですよ。いま運転免許証は、裏書のままで、表は玉置なんですけど、これもなくなるのかと思うと、寂しい気持ちになりますね。

中井　運転免許証の旧姓がなくなるのは痛いですね。僕も2年前に結婚したので、前の苗字で作った免許の裏書で、新しい苗字が書いてあるんですよね。さきほど青野さんの「旧姓と新姓のつながりを示す証明は難しい」って話がありましたけど、僕の場合、表には旧姓、裏には新姓の書いてあるこの免許証が、2つの苗字のつながりを示してくれてるんですよね。

青野　クレジットカードの名義を変えると、そのクレジットカードを使っていたECサイトから、登録名とクレジットカードの名前が違うから使えません、と連絡が来る。そうすると、登録名を変えざるを得なくなる。こういう形で連鎖していくんですよね。「え？　ここまで青野使えなくなっちゃったんだ」という、なんとも言えない気持ちになりますよ。

もっと言うと、それが進んだ段階で、「どこが青野で、どこが西端（編注：青野氏の旧姓）か」っていうのを悩まないといけなくなる。これがもう途中で、発狂しそうになるんですよ。結局、僕はある時から「全部、西端にする」と決めて、バーッと変えていったんです。

だから、持ってるカードとかは、もう青野名義のものはないですね。結婚した当初に思い描いた感覚とは、真逆だったんです。

本村さんみたいに、名前を使い分けしない、もう新しい名前に変えていくんだって決めてしまえば手続き上は楽なんですけど、この段差を乗り越える勇気ですよね。自分のブランドをもう1回作りに行く勇気がないと、なかなか難しい。

本村 私自身はそんなに器用な方じゃないので、名前の使い分けは無理だろうなと最初から思ってたんです。だから、私も最初の時点で「変えちゃえ」と、何から何まで全部変えていく作業をバーッとやっちゃったっていうところですね。

社内でも最初は間違えて旧姓で呼ばれたりすることも多かったのですが、2年くらい経ったら、もうほとんど本村で浸透しました。いまではもう旧姓で呼ばれることは、年に数回あるかないかみたいな感じですね。

妻の姓になると伝える「本当の意味」

中井 次にご自身の経験を振り返って、「こうしておけばよかったな」ということをお伺いしたいと思います。僕自身はさきほどお話ししたように、1人で先走って決めてしまったという面もあったので、後々になって、たとえば、それぞれの親族が、苗字とか名前に対していろんな思い入れがあったことに気づきました。それで、自分の決定を変える、変えないはまた別なんですが、最初にそれぞれの思いを聞いておく時間を取ればよかったな、ということがありましたね。

正直、周りに「私は何も言わせてもらえなかった」みたいなわだかまりが残ったところがありまして、そういうのをちゃんと聞いたうえで、「僕は苗字を変えます」とすれば、避けられたものがいろいろあったりしたなと思いますね。

たとえば、家を継ぐみたいな問題に関して、影響を強く受けるのは、親だけじゃなくて、きょうだいもそうなんですよね。だから、相談というか報告というか、「よろしく頼むわ」みたいなコミュニケーションを、各方面に十分に取っておいた方がよかったかなということは思っていますね。

青野　僕は、「事実婚」という選択肢を知っていればよかったですね。僕が結婚した20年前は、その選択肢は頭に浮かばなかった。当時、その選択肢を知っていれば、事実婚を選んでおけばよかったかもしれないな、と思うことはあります。

要は、玉置さんの言葉を借りるなら、「このアホな制度に乗るかどうか」。もう「日本の婚姻制度を蹴っ飛ばす」「俺は乗らねえ」くらいで行けばよかったなと、振り返ると思いますけどね。とくに、子どもがいない間とかだったら、まだリスクも小さいですから。

玉置 僕も、こうしておけばよかったなというか、いまの日本の夫婦同姓の問題点の1つは別姓を選べないこと、もう1つは男女の割合が不平等なことだと思うんです。だから、男性の側が、もっと積極的に女性の苗字に変えてしまえば、夫婦別姓を選択できない問題は残るとしても、不平等の問題は少なくともなくなる。

だから、もうみんなでバンバン変えていったらいいんじゃないか、と思います。僕自身、妻の姓に変えたことで不便は不便ですけど、この不合理な制度に文句を言うために、わざわざ苦労を買ってるんだと思ったら、楽しめるとまでは言いませんけど、まあ、耐えられるかなという感覚ではあるので。変えたら変えたで「思ったよりやっていけるもんですよ」ってことは伝えたいですね。

あと僕はたまたま、結婚する直前の2年間、休職してイギリスに留学してたんです。だから、その時、ファーストネームが自分の呼び名になって、ほとんど玉置って呼ばれたことがなかったんです。そうすると、ファミリーネームが自分のアイデンティティの柱であるという感覚が薄らいできて。よく考えたら昔から「太郎」って呼ばれてきてるし、世界的にはファーストネームの方が、アイデンティティの軸にあるよなって。

青野　最近は、アメリカで結婚するという新しい方法が編み出されたらしいです。日本人同士であっても、アメリカに行って婚姻届を出せば、一応受理される。それで結婚したことにはなるが、日本の戸籍上には書けないので、戸籍には載らないという。ここまで来ると、もう制度上の欠陥ですよね（笑）。

妻の姓に変えたことで、自分のなかで何が変わったか？

中井　ありがとうございます。では、次に、妻の姓に変えたことで、自分のなかで考え方が変わったな、視点がすごく変わったなということをお伺いしたいと思います。

僕自身は、いわゆる自分の「男らしさ」について、否応なしに考えるようになった、ということがあります。

名前を変えたことで「向こうの家を盛り立てなさい」とか、「せっかく男に生まれたのにもったいない」とか言われるなかで、「そうか、俺は男なのか」と、自分が男としての役割を求められていることに気づいたり、あと、自分が思ったよりも自由じゃないことに気づきました。

もっと自分は自由な存在だと思っていたのに、名前を変えただけで、いろんな不都合が起きたり、いろんなことを気にしなくちゃいけなくなって。リベラルな選択をしたつもりが、それによって、家制度みたいな、伝統的なもののなかで自分が生きていたことに気づいた。そういうものが自分のなかにあったことに気づいた、ということがありますね。

玉置　僕は、自分が変わり者であることに吹っ切れましたね。たとえば、結婚式でバージンロードを歩くのは不合理な習慣だなと思っていたのですが、そういう気持ちもはっきり妻に伝えてやめました。

今年度も、育休を5か月取ってたんです。やっぱり社内で取りにくかったりもするんですけれども、もうどうでもええかなと。キャリアとかも、そんなもの後からどうにでもなるだろうと思って、決断しました。

やっぱり、世の中が「これが当たり前だ」と突き付けてくる社会規範のうち、不合理なものに対して、自分の意見を言うことに自信がつきました。苗字を変えるのって、すごい勇気が要りましたけど、変えたら別に何か無茶苦茶されるわけでもない。むしろ、潔くていい部分もあるので、自分の生き方に対する一貫性が生まれたかなと感じてます。

本村　玉置さんの「吹っ切れた」というお話に近いかもしれませんが、妻の姓になって「心機一転できた」という感覚が私はありました。

私はそれまで38年付き合ってきた、その姓と別れて、新たな姓を迎えるにあたって、たとえば仕事では営業だったので、まず名刺を全部変えました。会う人会う人に、もう1回最初から「苗字を変えました」っていうご挨拶の日々。なかには「婿養子に入ったの？」みたいな、そんなやりとりが、もうずっと延々と続いていったんです。

大変でしたけど、でも、自分のなかでは、ちょっと生まれ変わった感というか、オンもオフも含めて、「人生の第2章」みたいな感覚が生まれました。だから、私は非常にポジティブにいろいろなことに取り組めたかなと思っています。なかなかできない、いい経験ができたかな。そこは少し変わったことですね。

20年の月日が「まぁいいか」を「怒り」に変えた

青野　僕の場合は、何が変わったかと言われると、あんまり変わってないような気もするんですけど、いまも沸々と込み上げる「怒り」でしょうか（笑）。この20年間ずっと、理不尽な制度を変えない政治家がいっぱいいて、ここへの怒りがもう、止められない感じですね。そういう政治家を変えないと、この後も同じ経験をする人が続々と出てくるわけですよ。自分のなかの一番の意識の変化はそこですね。

中井　とくに、その怒りのきっかけになったことっていうのは、何かあるんですか。

青野　時間が経っても変わらないことの認識がはっきりしてきたからですね。1つ、きっかけになったのが、２０１５年の最高裁の判決です。そこで、現状の夫婦同氏制は合憲であるという判決が、「違憲５・合憲10」という裁判官15人の多数決で出て、負けたわけです。

でも、その判決文を読んでも、理屈なんて通ってないわけです。「通称が使用できるようになっていて、不便はない」とか書かれてるわけです。でも、あなたは名前を変えたんですか、通称を使ったことはあるんですか、と思いましたね。

さらにその時、女性の判事が3人いて、その3人ともが違憲と出してるわけです。その状況を見て、「あ、最高裁の裁判官って、僕が思ってるほど賢くないんだ」ということが分かりました。

そのうえ、その最高裁の判決に「この問題は国会で議論すべきことである」って書いてあったんですよ。だから国会議員たちが議論を始めるのかなと思ったら、もう完全に無視ですよ。それを見て「三権分立って言ってるけど、これは三権ともだめなやつだな」と（笑）。

中井　これはもう、まったく改善する兆しが見えないぞ、となったわけですね。

青野　そうですね。

玉置　僕は正直、2015年の最高裁の判決のときは「そうなのか」っていうくらいの感想しか持たなかったのですが、今年（2021年）の判決には、とても腹が立ったんです。この状況で、よくその判決が出るなっていう、当事者になったからこそ、その怒りを持てましたし、ちゃんとそれを発信していかないといという自覚も生まれました。

でもやっぱり、他人事の人たちがたくさんいる。選択的夫婦別姓が実現する方がよいのかもしれないけど、どこか「まあいまのままでも、いいんじゃないの？」くらいの感じ。だから、当事者としては、この怒りをみんなにも共有してほしいなっていうのはすごく思います。

青野さんは、その壁を越えて、もう制度を自ら動かしていこうとしてるのは、本当にえげつない怒りだなと。尊敬の念を抱いています。

青野　熟成されたんですよ（笑）。ワインみたいに。

なぜ夫婦別姓の議論はここまで進まないのか

中井　ありがとうございます。選択的夫婦別姓は菅政権の発足以降は、まさに注目の議論となりましたが、一方で、この1年、なかなか進展もない状況が続いています。

僕が不思議に思うのは、選択的夫婦別姓に反対している人たちの「頑なさ」なんです。僕みたいに、「日本的家族を信奉してる人なんて、まだいるの？」という感覚の人と、本当にそういうものを信じてる人の距離感が、すごく開いている状態だと思うんです。

ただ、反対派の人たちが、「何をあんなにこだわっているのか？」というのが、いまいちピンとこない。天皇制が、日本の伝統が、などと理由を聞きはするのですが、どこか議論が嚙み合っていないような気がするんですね。

青野　僕は、国会議員に話を絞ると、結局のところ「困っている国民よりも国家のルールを優先する」という発想が問題だと思っています。

そう考えると、選択的夫婦別姓って、導入しなくてもいいんですよ。いままで築いてきた国の制度やルールを守ることが最優先だと考えれば、国民が困っていることは問題じゃない。要は「お国のために」国民は犠牲になっていいという考え方です。だからここが、国会議員に絞って言うと、理解し合えない、最大の要因なのかなと思いますよね。

玉置　怖いですね、そう考えると。不便だ、耐えがたい、という国民の声が、まったくその層には響きようがないという。

青野　そうですね。「だってあなた、国民でしょ」っていうことですよね。「国のルールの方が大事なんだから」っていう、ここのプライオリティが違う時点で、絶対に嚙み合わないですよね。

たとえば僕、中学校の時に丸坊主だったたんですよ。なんでかっていったら、丸坊主にするルールだったからです。でも、いまはもうそんなルール、なくなりましたよね。それって、なんでなくなったかっていうと、「さすがにそのルール、ちょっとかわいそうじゃね？」って声が上がったからです。

「何のために丸坊主にしてるんだっけ？」って考えた時に、「いや、そう言われてみれば、このルール要らないじゃん」って、みんなが苦しんでるルールをやめようという話ができること。ハッピーな学校生活を送るために、ルールを変える方向で議論できることが大切ですよね。

でも、選択的夫婦別姓の話だと、困ってる国民がいても、ルールの方を重んじる人がいる。本当に、なんかブラック校則とか、ブラック企業とかと、すごく構造的には同じだと思うんですよね。

玉置　社会的に見て、やっぱり男性って、選択的夫婦別姓の問題に対して、中途半端な状態だと思うんです。ずっと女性の問題のように扱われていますが、男性の問題です。だから、すべての男性がいま、この96％をどうするのか、もっと考えないといけない。だって、これから結婚する若い人たちって、これだけ夫婦別姓のことが世の中で言われてたら、結婚する時に、ちょっと波風が立つと思うんですよね。

青野　そうでしょうね。

玉置　たとえば、妻から「どうする？」って聞かれると思うんですよ。その時に、「いや、妻が苗字を変えるのは当たり前やろ」って言うような夫をどう思うか。いままでとは違って、実生活レベルで自分事として考えないといけない。こういう議論を喚起するために、まさに青野さんは活動されてるのだと思うのですけれども。

青野　やっぱり日本は男女不平等なんで、いくら女性が主張しても、「はいはい」って言って流されてきた歴史があります。で、僕が2018年くらいにキレて（笑）、選択的夫婦別姓に関わる活動を本格的にやり始めて、「あれ？　この問題、男性も関係あるの？」みたいな空気になってきました。

いま、署名活動なんかをすると、結構、大企業の社長が署名してくれるんですよね。なんでかって言うと、彼らの耳にも、ついに声が届くようになってきたから。たぶん、彼らは自分の名前を変えたりはしていないんでしょうが、自分のところの女性社員が、海外出張のたびに困ってるとか、社内の名前の二重管理が大変になってるとか、そういう不都合を認識し始めている。彼らは、女性社員に嫌われると、経営を続けられなくなるので、そこは合理的に判断しますよ。

だから、あとは国会議員だけなんですよ（笑）。でも、政治家も同じです。国民に嫌われれば、変わってくれるはずなんですね。当選しないと、職を失うので。だから、やっぱり、こういう問題を無視する国会議員は、落とす必要があるんです。

反対派の「不安」とどう向き合うか

中井　僕は、選択的夫婦別姓に反対している人には、「不安」があるんじゃないかと思います。いままでと違う家族の形になることが何となく不安なんじゃないか。

でもいま、世論は賛成派が多数になってきた。そうすると、彼らは自分たちが追い詰められつつあるという心境になってくる。それで意固地になっているんじゃないか、そういうふうにも思うんです。だから、「そんなに不安がらなくてもいいんだよ」というメッセージが大事なのかなと思います。反対派の不安に対応できるような提案をするとか、そういう視点も大切かなと。

青野　僕のここ3〜4年の活動を振り返ると、まさにその「不安」を取り除いていく活動だなと思いましたね。僕が活動を始めた頃って、賛成派と反対派の割合が、まだ拮抗《きっこう》してるって言われてたんですね。分かってる人は半分くらいいるんだけど、残りの半分は分かってない。

でも、分かってはいなくても話を聞いてくれる人たちに、「どの辺が不安？」と聞くと、「子どもの苗字が」と言うから、「いや、実は、子どもの苗字って、いまと変わらなくてね」みたいな話をすると、「あ、本当だね」って言って、だんだん賛成派に移ってくれる。

あるいは「いま、こんなに困ってる人がいて」という話をすると、「それ、大変そうだね。僕は、家族全員同姓がいいと思うけど、困ってる人がいるんだったら、変えるべきだよね」

と話してくれたりとか。こうやって、だんだん賛成派を増やしてきたのが、この3〜4年だったなと。

で、感覚的には、もういま残ってる人たちは、こちらの声をもともと聞こうとしない人たちもいるのかなと。正直、この人たち全員を変える努力をするよりは、国会議員を入れ替えに行った方が、結果的に社会は変わるかなと思って、いまは舵《かじ》をそっちに切ってるんですけどね。

ただ、できるだけ多くの人が理解を深めていくのは大事だとは思うので、いろんな所で情報発信したりはしていますけど。

玉置　僕も、妻の苗字にしたのは、やっぱり自分の周りの人に考えてほしいっていう、そういう思いはあります。少なくとも僕が周囲に、「いや、俺、玉置じゃないんだよ」っていう話をしたら、周囲も考えなきゃいけなくなってくる。すると、同じように妻氏婚にするとか、行動が連鎖していったり、そこまで変わらないにしても、「この制度はまずいよね」ということを考えるきっかけにはなるかなと思って。だから、そういう意味でも、妻氏婚をする人が増えていったらいいのにな、とは思っています。

「関白宣言」だってあり⁉

中井　ありがとうございます。本村さんは、どうでしょうか。

本村　そうですね。私は別姓でも、同姓でも、両者が共存共栄できる選択肢を設けることは本当に大切だと思います。私は幸いにして、それほど弊害なくここまで新姓で来れましたが、だからこそ旧姓を名乗りつつ、お仕事なり、生活なりをされる方の苦労も分かります。その大変さを認知してもらうことは大切ですよね。

中井　本村さんは、旧姓に対する執着とか悲しさというのはありましたか。

本村　私の場合、実はあんまりなかったんです。幼い頃からなんですけど、自分の旧姓が、とても言いにくかったんです。いつも自分の苗字を噛んじゃう、みたいな。だいぶ変わってる方だと思うんですけれども。

中井　本村さんの話を聞いていて、本当に素敵だなと思いました。ある意味で1つの理想というか、選択的夫婦別姓って、別に強制的に別姓にしなければいけないものではないので、「妻の姓に変えて幸せです」という選択肢もあるということが、すごくいいなと思いました。
だからこそ、「それぞれの幸せの形を、自分たちが選べたらいいよね」「どっちでも幸せなんだったら、楽な方がいいよね」みたいな話を、国民全体で共有して、変わっていけばよいのかなと思うんですけどね。

青野　さっきの「反対派をどう変えるか」の話で言うと、もう残りの反対派を変える話をするよりも、社会のシステムを変えてあげる方が大事かなと思うんです。それはそっちの方がスムーズということもありますが、社会のシステムを変えた後で、「ほらね、大丈夫だったでしょ」っていうことを実際に示すことで、彼らが納得すると思うからです。
なので、僕としては、いま、政治家を入れ替えにいこうとしてるのはそこに理由があって、残りの反対派には、「もう、そこで1回見てて」「大丈夫だから安心して。もっと幸せな社会を作るから」と信じてもらって、変えていきたいなと思ってるんです。

中井　なるほど。もう「大丈夫でしょ」っていうのを見せると。

青野　そうです。結局、制度が変わって幸せな人が増えれば、よかったねとなりますよね。自分たちの周りで考えても、そうじゃないですか？

中井　そうですよね。玉置さんもおっしゃってましたけど、もう絶対に話し合わなきゃいけない事項じゃないですか、苗字をどうするかなんて。だから、おっしゃる通り、そういった社会をもう作ってしまう方が早いのかなと、本当に思いますね。

青野　本当ですよ。だから、名前を変える選択肢も奪っちゃいけないと思うんですよね。いろんな理由で、名前を変えたい人もいらっしゃいますよね。親から虐待を受けていて、親の名前だけはどうしても嫌だっていう人もいらっしゃいますし、そういう人から、名前を変える選択肢を奪うのもおかしい話です。いろんな選択肢をどんどん増やしていく、これが幸せな人を増やすコツですよ。

その時に大事なのは、他の人がした選択を否定しないことですよね。反対派の人の意見で、「夫婦別姓が当たり前になったら、反対に、夫婦同姓だと『古い』と言われて、下に見られるかもしれない」みたいな話が出るんです。でも、それは絶対やってはいけないことですよね。どっちがいいとか悪いとかって話じゃなくて、選択できることが大事なんだっていうふうにしていかないと、余計な対立と分断が生まれ、不幸を生みますよね。

この前、ロンドンブーツの田村淳《あつし》さんのラジオ番組に出させてもらって、「曲をリクエストしてください」って言われたんですよ。だから僕、「関白宣言」をリクエストしました（笑）。どういうことかと言うと、「こういう夫婦のあり方も、全然ＯＫだよね」っていうメッセージで。「これで夫婦や家族が幸せなら、昭和の価値観って人から言われたところで、それは素晴らしい選択をしたっていうことだよね」と。それで、「関白宣言」をあえてリクエストしたんです。

中井 なるほど。そういうのもアリだよ、と。

青野 そうそう、アリだし、むしろ「すごいよね」みたいな。「その選択で、とても幸せになってるんだったら、いい選択したね」っていう。選択的夫婦別姓の実現って、そういうことなんだよって、伝えていきたいと思いますね。

中井 ありがとうございます。あらためて本日は、皆さまの率直な「生の声」を聞かせていただき、感謝申し上げます。本当に、ありがとうございました。

一同 ありがとうございました。

おわりに

いまでも時々思い出す先生がいる。まだランドセルを背負って学校に通っていた頃に出会った先生である。ショートカットの優しい先生だったが、僕は絵を描くのが大好きな子どもだったので、授業中もノートや教科書を落書きだらけにしてよく叱られたものである。

そんな僕の夢はもちろん、漫画家になって本を出すことだった。そして、それを聞いた先生は僕にこんな約束をした。

「あなたがいつか本を出すなら、私が知っているあなたの本当の名前で出しなさい。そうしたら私はどこにいても、必ずあなたのことを見つけてあげるから」

先生とのそんな約束から30年以上も過ぎた頃、僕は初めて書店の棚に自分の名前が並ぶような本を書くことになった。僕は漫画家になれなかったし、思ったよりもずいぶん時間がかかってしまったけど、ようやく約束を果たせそうだ。先生はどこかの街の本屋さんで僕の「本当の名前」を見つけてくれるだろうか……。

そこで、ふと気がつく。

「あ、違う。僕は名前を変えるんだ。そうすると、これは本当の名前ではなくなるのか?」

そうなのだ、まさに処女作の執筆中に、僕は結婚をして、妻の姓を選んだのである。そして戸籍名は変わったが、筆名はこれまでその名前で生きてきた旧姓のまま仕事を続けていくことになった。はたして、どちらが本当の名前なのだろうか。

本書はそうやって、96%のカップルが夫の姓を選ぶ夫婦同氏制の国で、妻の姓を選んだ夫として生きていくという冒険のなかで直面する疑問や困りごとをリアルタイムで「実況」しながら、この国の「ふしぎな」結婚と家族のあり方を紐解こうとするものである。

「4%の側」として、社会がその存在を勘案しない少数派になったことで、それまで深く考えることもなかった結婚や家族の「当たり前」が、さまざまな理不尽やモヤモヤとなって次々と目の前に立ちはだかることになった。しかし、どんな理不尽にも歴史はあるし、どんなモヤモヤにも理由はある。

なぜこの国では結婚をする時に苗字を同じにしなくてはいけないのか？　なぜ結婚をする時に男は苗字を変えないのが当たり前なのか？　なぜ「女だから仕方ない」とあきらめてしまうのか？　そして、そもそも、なぜ「結婚しなくても幸せになれる時代」に人々は結婚をするのか？

現在、結婚する際に夫婦を同姓にするか別姓にするか選ぶことができるという選択的夫婦別姓を求める世論の高まりを受けて、あらためてこの国の結婚のあり方、家族のあり方が問い直されている。私たちがいま守らなくてはいけないものは何なのか。変えなくてはいけないものは何なのか。これまでになく多くの人が、結婚や家族のあり方について自分にとって大切なことは何なのかを考え始めている。

そこで注目されているのが、この国の夫婦同氏制である。結婚する夫婦は必ず同じ姓を名乗らなくてはいけないという制度だ。世界でも、夫婦同氏制を採用する国は現在となっては日本のみといわれており、ある意味でこの国の「ふしぎな」結婚観や家族観を象徴する制度といえる。しかし、その一方で変わりゆく時代のなかで、この制度が人々に強いる犠牲や負担が日に日に増しているのも事実である。

そのような声を反映した選択的夫婦別姓制度の導入をめぐる議論ではさまざまな論点が交錯するが、実のところ、そこで問われている核心は、ただ一点なのである。それは「選べる方がいいのか。選べない方がいいのか」である。

僕自身の経験から結婚と家族のあり方を考える本書においても、やはり「自分で選ぶこと」が現代社会においてどのような意味を持つのかが最後の問いとして立ち上がってくることになった。どんなレールに乗ったとしても誰も何も保証してくれないこの不確かな時代に、自分で自分の生き方を選ぶこと。その自由と、その不安と、そして、そんな時代だからこそ強く願われる「誰かに選ばれたい」という切実な思いである。

僕のもともとの名前も、苗字は先祖から受け継ぎ、「下の名前」は父母がつけてくれたものである。そのような意味では、受け継ぎ、託された名前であり、自分で選んだ名前というわけではない。そして、結婚に際して96％という「当たり前」に逆らって妻の苗字を選ぶことでこの世界に生まれた新しい名前は、僕にとって初めて自分で選び取った名前である。

受け継ぎ、託された道と、自分で選び取った道。どちらの道が幸福へと導いてくれるのか。それは「選べる方がいいのか。選べない方がいいのか」という問いと重なり、いま、僕と同じように多くの人々がこの国の結婚や家族のあり方を決める分岐点に立ち尽くしている。しかし、そうであるならば、やはりいま必要なことは新しい結婚や家族のあるべき姿を提示することではないだろう。

ここから再び歩み出すために必要な勇気は、なによりも「人はいろいろな形で幸せになれる」という確信である。そのために、1人でも多くの人間が自分の生き方でそれを証明していくこと。それこそが、いま、この「ふしぎな」国に生きる人間にできることだろうと思う。


さて、僕はどうしようか。

どちらが本当の名前なのかは結局分からないままだが、とりあえずはあの約束が果たされるまで、先生が知っている僕の名前で看板を出して待っていようか。

実は、先生は、もしどこかの街角で僕の名前を見つけたら、あるプレゼントを贈ってくれると約束してくれたのだ。それが何かは秘密だが、いつかあの懐かしい名前が書かれた小包がうちに届くかもしれない。その日を楽しみにしていようと思う。

最後となるが、本書の執筆にあたり、お世話になった人々にあらためて感謝を述べたい。リレーのようにバトンをつないでこの「ふしぎな」連載の書籍化を実現してくれたPHP研究所の丹所千佳氏、三輪奈央氏、宮脇崇広氏。新しい選択肢を勝ち取る運動へのリアルな思いを聞かせてくれた選択的夫婦別姓・全国陳情アクション京都府メンバーの皆さん。今回ばかりは身内特権で否応なく僕の挑戦に巻き込んでしまった家族（と和尚さん）。

そして、まるで火打石を鳴らして景気づけるように、2人の冒険の始まりに"Without liberty, life is a misery"という古い格言の刻まれた時計を贈ってくれた妻。

本当にありがとう。

2021年11月　椅子が2つならんだ食卓の向こうに黄金色の森を眺める書斎にて

中井治郎

参考文献

はじめに

谷本奈穂・渡邉大輔（2019）「ロマンティックラブ・イデオロギーとロマンティックマリッジ・イデオロギー　変容と誕生」小林盾・川端健嗣編『変貌する恋愛と結婚　データで読む平成』新曜社

第1章

厚生労働省「人口動態調査　令和元年　人口動態統計月報年計（概数）の概況」

内閣府男女共同参画局「旧姓使用の現状と課題に関する調査報告書」

内閣府男女共同参画局「令和元年版　男女共同参画白書」

文部科学省「令和元年度　学校基本調査」

第2章

遠藤正敬（2017）『戸籍と無戸籍「日本人」の輪郭』人文書院

二宮周平（2007）『家族と法　個人化と多様化の中で』岩波書店

第3章

国連人口基金（UNFPA）「世界人口白書2020」

筒井淳也（2016）『結婚と家族のこれから　共働き社会の限界』光文社

第4章

上野千鶴子（1989）『スカートの下の劇場　ひとはどうしてパンティにこだわるのか』河出書房新社
グレイソン・ペリー著、小磯洋光訳（2019）『男らしさの終焉』フィルムアート社
坂田聡（2006）『苗字と名前の歴史』吉川弘文館
多賀太（2018）「男性労働に関する社会意識の持続と変容　サラリーマン的働き方の標準性をめぐって」『日本労働研究雑誌』699号、4-14
筒井淳也（2016）『結婚と家族のこれから　共働き社会の限界』光文社
山田昌弘（2019）『結婚不要社会』朝日新聞出版

第5章

坂本洋子（2018）「選択的夫婦別姓の実現を阻むものとは何か」『女たちの21世紀』95号、アジア女性資料センター
中村桃子（2012）『女ことばと日本語』岩波書店
堀場清子編（1991）『『青鞜』女性解放論集』岩波書店
メアリー・ビアード著、宮崎真紀訳（2020）『舌を抜かれる女たち』晶文社

早稲田大学法学部・棚村政行研究室、選択的夫婦別姓・全国陳情アクション「47都道府県『選択的夫婦別姓』意識調査レポート」

第6章

アンソニー・ギデンズ著、佐和隆光訳（２００１）『暴走する世界　グローバリゼーションは何をどう変えるのか』ダイヤモンド社
伊藤美登里（２０１７）『ウルリッヒ・ベックの社会理論　リスク社会を生きるということ』勁草書房
伊藤美登里（２０１５）「社会の構造変化と家族『家族の機能』再考」鈴木宗徳編著『個人化するリスクと社会　ベック理論と現代日本』勁草書房
ウルリッヒ・ベック著、吉田竜司・玉本拓郎訳（２００６）「ゾンビ・カテゴリー　ベック『個人化』論の射程」『龍谷大学社会学部紀要』28号、49-62
阪井裕一郎（２０２１）『事実婚と夫婦別姓の社会学』白澤社
谷本奈穂・渡邉大輔（２０１９）「ロマンティッククラブ・イデオロギーとロマンティックマリッジ・イデオロギー　変容と誕生」小林盾・川端健嗣編『変貌する恋愛と結婚　データで読む平成』新曜社
筒井淳也（２００８）『親密性の社会学　縮小する家族のゆくえ』世界思想社

本書は『ＴＨＥ21』２０２０年７月号～12月号連載の「結婚で妻の苗字を選んでみたら見えてきた、日本人の不思議な価値観」を元に、大幅に加筆・修正の上、１冊にまとめたものです。

PHP新書
PHP INTERFACE
https://www.php.co.jp/

中井治郎[なかい・じろう]

1977年、大阪府生まれ。社会学者。龍谷大学社会学部卒業、同大学院博士課程修了。大学に身を潜め就職氷河期やリーマンショックを受け流してきた人生再設計第一世代。現在は京都で暮らしながら非常勤講師として母校の龍谷大学などで教鞭を執っている。専攻は観光社会学。主な研究テーマは文化遺産の観光資源化やオーバーツーリズムなど。著書に『パンクする京都』『観光は滅びない』(ともに星海社新書)がある。

PHP新書 1291

日本のふしぎな夫婦同姓
社会学者、妻の姓を選ぶ

二〇二一年十二月二十八日 第一版第一刷

著者――中井治郎
発行者――永田貴之
発行所――株式会社PHP研究所
東京本部――〒135-8137 江東区豊洲5-6-52
第一制作部 ☎03-3520-9615(編集)
普及部 ☎03-3520-9630(販売)
京都本部――〒601-8411 京都市南区西九条北ノ内町11
組版――有限会社メディアネット
装幀者――芦澤泰偉+児崎雅淑
印刷所――大日本印刷株式会社
製本所――東京美術紙工協業組合

ISBN978-4-569-85095-5

PHP新書刊行にあたって

「繁栄を通じて平和と幸福を」(PEACE and HAPPINESS through PROSPERITY)の願いのもと、PHP研究所が創設されて今年で五十周年を迎えます。その歩みは、日本人が先の戦争を乗り越え、並々ならぬ努力を続けて、今日の繁栄を築き上げてきた軌跡に重なります。

しかし、平和で豊かな生活を手にした現在、多くの日本人は、自分が何のために生きているのか、どのように生きていきたいのかを、見失いつつあるように思われます。そして、その間にも、日本国内や世界のみならず地球規模での大きな変化が日々生起し、解決すべき問題となって私たちのもとに押し寄せてきます。

このような時代に人生の確かな価値を見出し、生きる喜びに満ちあふれた社会を実現するために、いま何が求められているのでしょうか。それは、先達が培ってきた知恵を紡ぎ直すこと、その上で自分たち一人一人がおかれた現実と進むべき未来について丹念に考えていくこと以外にはありません。

その営みは、単なる知識に終わらない深い思索へ、そしてよく生きるための哲学への旅でもあります。弊所が創設五十周年を迎えましたのを機に、PHP新書を創刊し、この新たな旅を読者と共に歩んでいきたいと思っています。多くの読者の共感と支援を心よりお願いいたします。

一九九六年十月

PHP研究所

1073 「やさしさ」過剰社会　榎本博明
1079 超ソロ社会　荒川和久
1087 羽田空港のひみつ　秋本俊二
1093 震災が起きた後で死なないために　野口　健
1106 御社の働き方改革、ここが間違ってます！　白河桃子
1125 『週刊文春』と『週刊新潮』闘うメディアの全内幕　花田紀凱／門田隆将
1128 男性という孤独な存在　橘木俊詔
1140 「情の力」で勝つ日本　日下公人
1144 未来を読む　ジャレド・ダイアモンドほか［著］／大野和基［インタビュー・編］
1146 「都市の正義」が地方を壊す　山下祐介
1149 世界の路地裏を歩いて見つけた「憧れのニッポン」　早坂　隆
1150 いじめを生む教室　荻上チキ
1151 オウム真理教事件とは何だったのか？　一橋文哉
1154 孤独の達人　諸富祥彦
1161 貧困を救えない国 日本　阿部彩／鈴木大介
1164 ユーチューバーが消滅する未来　岡田斗司夫
1183 本当に頭のいい子を育てる 世界標準の勉強法　茂木健一郎
1190 なぜ共働きも専業もしんどいのか　中野円佳
1201 未完の資本主義　ポール・クルーグマンほか［著］／大野和基［インタビュー・編］
1202 トイレは世界を救う　ジャック・シム［著］／近藤奈香［訳］
1219 本屋を守れ　藤原正彦
1223 教師崩壊　妹尾昌俊
1229 大分断　エマニュエル・トッド［著］／大野　舞［訳］
1231 未来を見る力　河合雅司
1233 男性の育休　小室淑恵／天野　妙
1234 AIの壁　養老孟司
1239 社会保障と財政の危機　鈴木　亘
1242 食料危機　井出留美
1247 日本の盲点　開沼　博
1249 働かないおじさんが御社をダメにする　白河桃子
1252 データ立国論　宮田裕章
1262 教師と学校の失敗学　妹尾昌俊
1263 同調圧力の正体　太田　肇
1264 子どもの発達格差　森口佑介
1271 自由の奪還　アンデシュ・ハンセン他［著］／大野和基［インタビュー・編］
1277 転形期の世界　Voice編集部［編］
1280 東アジアが変える未来　Voice編集部［編］

1281 5000日後の世界　ケヴィン・ケリー［著］／大野和基［インタビュー・編］／服部桂［訳］
1277 転形期の世界　Voice編集部［編］

［経済・経営］

187 働くひとのためのキャリア・デザイン　金井壽宏
379 なぜトヨタは人を育てるのがうまいのか　若松義人
450 トヨタの上司は現場で何を伝えているのか　若松義人
543 ハイエク 知識社会の自由主義　池田信夫
587 微分・積分を知らずに経営を語るな　内山 力
594 新しい資本主義　原 丈人
620 自分らしいキャリアのつくり方　高橋俊介
752 日本企業にいま大切なこと　野中郁次郎／遠藤 功
852 ドラッカーとオーケストラの組織論　山岸淳子
892 知の最先端　クレイトン・クリステンセンほか［著］／大野和基［インタビュー・編］
901 ホワイト企業　高橋俊介
932 なぜローカル経済から日本は甦るのか　冨山和彦
958 ケインズの逆襲、ハイエクの慧眼　松尾 匡
985 新しいグローバルビジネスの教科書　山田英二
998 超インフラ論　藤井 聡
1023 大変化――経済学が教える二〇二〇年の日本と世界　竹中平蔵
1027 戦後経済史は嘘ばかり　髙橋洋一
1029 ハーバードでいちばん人気の国・日本　佐藤智恵
1033 自由のジレンマを解く　松尾 匡
1080 クラッシャー上司　松崎一葉
1084 セブン-イレブン1号店　繁盛する商い　山本憲司
1088 「年金問題」は嘘ばかり　髙橋洋一
1114 クルマを捨ててこそ地方は甦る　藤井 聡
1136 残念な職場　河合 薫
1162 なんで、その価格で売れちゃうの？　永井孝尚
1166 人生に奇跡を起こす営業のやり方　田口佳史／田村 潤
1172 お金の流れで読む　日本と世界の未来　ジム・ロジャーズ［著］／大野和基［訳］
1174 「消費増税」は嘘ばかり　髙橋洋一
1175 平成の教訓　竹中平蔵
1187 なぜデフレを放置してはいけないか　岩田規久男
1193 労働者の味方をやめた世界の左派政党　吉松 崇
1198 中国金融の実力と日本の戦略　柴田 聡
1203 売ってはいけない　永井孝尚
1204 ミルトン・フリードマンの日本経済論　柿埜真吾
1220 交渉力　橋下 徹
1230 変質する世界　Voice編集部［編］
1235 決算書は3項目だけ読めばいい　大村大次郎

1258 脱GHQ史観の経済学　田中秀臣
1265 決断力　橋下 徹
1273 自由と成長の経済学　柿埜真吾

［**思想・哲学**］
032 〈対話〉のない社会　中島義道
058 悲鳴をあげる身体　鷲田清一
086 脳死・クローン・遺伝子治療　加藤尚武
204 はじめての哲学史講義　鷲田小彌太
468 「人間嫌い」のルール　中島義道
492 自由をいかに守るか ハイエクを読み直す　渡部昇一
856 現代語訳 西国立志編　サミュエル・スマイルズ［著］／中村正直［訳］／金谷俊一郎［現代語訳］
1117 和辻哲郎と昭和の悲劇　小堀桂一郎
1159 靖國の精神史　小堀桂一郎
1215 世界史の針が巻き戻るとき　マルクス・ガブリエル
1251 つながり過ぎた世界の先に　マルクス・ガブリエル［著］／大野和基［インタビュー・編］／髙田亜樹［訳］

［**自然・生命**］
1016 西日本大震災に備えよ　鎌田浩毅
1257 京大　おどろきのウイルス学講義　宮沢孝幸

1272 「性」の進化論講義　更科 功

［**人生・エッセイ**］
377 上品な人、下品な人　山崎武也
742 みっともない老い方　川北義則
827 直感力　羽生善治
938 東大卒プロゲーマー　ときど
1067 実践・快老生活　渡部昇一
1112 95歳まで生きるのは幸せですか？　池上 彰／瀬戸内寂聴
1132 半分生きて、半分死んでいる　養老孟司
1134 逃げる力　百田尚樹
1147 会社人生、五十路の壁　江上 剛
1148 なにもできない夫が、妻を亡くしたら　野村克也
1158 プロ弁護士の「勝つ技法」　矢部正秋
1179 なぜ論語は「善」なのに、儒教は「悪」なのか　石 平
1211 保険ぎらい　荻原博子